# LETTRES HISTORIQUES.

# PUBLICATIONS DU MÊME AUTEUR.

---

*Opuscules*, vol. in-8.

Ce volume renferme, entre autres articles, *les Mémoires du Nain jaune*, *Procès avec le roi d'Espagne*, *Adresse au congrès, par Maubreuil*, *Procès du général Travot*, *Histoire secrète de la Vendée*, *Gouvernement occulte*, etc.

*Des Jésuites, par d'Alembert*, ouvrage précédé d'un précis de l'Histoire et des Doctrines de cette société, vol. in-18.

*Lettre à MM. Delavau et Ravignan*, br. in-8.|

*Lettres sur les cent jours*, vol. in-8.

*Seconde Lettre à M. Delavau*, préfet de police, br. in-8.

*Lettre à M. Bellart sur son Réquisitoire du 10 juin 1822*, br. in-8.

*Les quatre Evangiles*, précédés du *Discours de Marcel*, curé du village de \*\*\*, et d'un avant-propos, vol. in-18.

*Réponse à un catholique romain*, br. in-8.

*Lettre politique, morale et religieuse*, adressée à M. Bellart, br. in-8.

Paris,
Imprimerie de Cosson,
Rue St. Germain des Prés,
N° 9.

# LETTRES

## HISTORIQUES

Adressées à Sa Grandeur Monseigneur

# LE C<sup>TE</sup> DE PEYRONNET,

GARDE DES SCEAUX, MINISTRE DE LA JUSTICE;

## PAR CAUCHOIS-LEMAIRE.

## SECONDE ÉDITION.

Paris.

PONTHIEU ET COMP<sup>IE</sup>, LIBRAIRES,

PALAIS-ROYAL, GALERIE DE BOIS, N° 52.

1827.

# LETTRES HISTORIQUES

ADRESSÉES A SA GRANDEUR

## M. LE COMTE DE PEYRONNET.

## LETTRE PREMIÈRE.

MONSEIGNEUR,

Je me présente devant Votre Grandeur dans un moment où son oreille est frappée d'un concert public bien étrange et bien peu en harmonie avec les formules que l'étiquette impose à la classe administrée quand celle-ci a l'honneur de s'adresser aux Excellences qui l'administrent. J'ai d'abord senti tout ce que le style direct offrait de difficultés en pareille occurrence. La nécessité de concilier les exigences de l'opinion, celles de la vérité, avec les lois de la politesse, m'a jeté long-temps dans une perplexité cruelle. J'hésitais d'autant plus à user, en parlant à Votre Grandeur, de ces locutions renouvelées de la vieille chancellerie, que pour des façons de dire beaucoup moins pompeuses j'ai toujours éprouvé, en face des gens, un certain embarras, et que je ne les emploie guère qu'avec l'accent propre aux choses dont on n'aperçoit pas bien le côté sérieux. Le papier souffre, il est vrai, ce qui déconcerterait la gravité de la conversation; mais le papier lui-même, depuis qu'il est menacé par le timbre et le dépôt de devenir muet ou menteur, se venge par une sincérité qui rend le lecteur exigeant; et d'ailleurs, dans ces épîtres presque toutes narratives, j'attachais de l'importance à ne pas plier l'histoire aux formes courtisanesques, comme dit Montaigne. Un autre philosophe, meilleur casuite, est venu à propos vaincre ma répugnance; c'est Pascal. Ne vous récriez pas à ce nom, Monseigneur; le texte que je vais citer ferait sourire un jésuite.

C'est à un ami, d'une mémoire plus prompte que la mienne, que je dois cette citation. Nous lisions ensemble l'ouvrage de l'ancien évêque de Blois, sur les confesseurs de cour, auxquels Erasme, dans son *Prince chrétien*, attribue en partie les malheurs des peuples (1). Nous étions arrivés à cette anecdote connue, mais que la clarté du récit m'oblige à rapporter : « Un jour, raconte M. Gré-

(1) Oper. Erasmi. T. IV, p. 453.

» goire, d'après le chanoine Joly, un jour, à
» Notre-Dame de Paris, dans une chapelle de la
» Vierge, le Garde-des-sceaux, revêtu de sa
» belle robe, se présente à la table de commu-
» nion. Un autre magistrat dit à son voisin:
» Voyez-vous ce Garde-des-sceaux qui communie
» en si bel appareil devant tout le monde? au
» sortir d'ici, il ira peut-être signer des édits
» pour ruiner cinq ou six provinces (1). » Votre
loi de police, Monseigneur, avait paru, et mon
ami s'écria que ce trait allait merveilleusement à la
circonstance, et qu'il fallait le prendre pour épigraphe d'une mercuriale qu'on dédierait au Garde-
des-sceaux, qui assiste aussi fort dévotement à la
messe, et qui, au sortir de là, signe, non des
édits, mais des projets pour ruiner cent mille familles. J'avais en tête, lui dis-je, quelque idée
semblable ; je songeais à écrire une lettre ; mais je
suis arrêté par deux sortes de convenances absolument contraires. Là-dessus, je lui fis part des raisons que je vous exposais tout à l'heure, et j'a-
joutai : ce n'est pas que la rudesse des mots puisse
me compromettre beaucoup auprès du tribunal
qui a jugé le *Courrier Français*, non plus qu'auprès de la cour, dont un membre distingué a traité

(1) Histoire des confesseurs, p. 62.

les calomniateurs de la presse comme Figaro traite Basile ; c'est plutôt que je ne voudrais pas encourir la disgrâce de l'Académie, dont les arrêts ont du poids depuis qu'elle est disgraciée : d'un autre côté, le cérémonial d'étiquette jure étrangement avec tout ce que le monde dit, et ce que je ne pourrai m'empêcher de redire ; c'est presque une imposture. Mon ami se prit à rire de ce cas de conscience, et m'assura que des autorités que je ne récuserais pas s'étaient, à cet égard, prononcées de telle manière que je pourrais accomplir mon dessein sans me brouiller ni avec la justice, ni avec l'Académie, ni avec la vérité. Mes autorités sont Nicole et Pascal, dit-il en ouvrant un volume des *Pensées* de celui-ci ; tous les deux ont travaillé à ce petit traité *sur la condition des grands ;* je vous laisse y jeter les yeux, et vous mettre à l'œuvre. A ces mots, il partit.

Dans ce petit traité, Monseigneur, composé pour je ne sais quel Arthus, alors duc de Roannès, après avoir distingué deux sortes de grandeurs, les grandeurs d'établissement et les grandeurs naturelles, après avoir accordé aux premières des respects d'établissement, c'est-à-dire certaines cérémonies extérieures, et aux secondes des respects naturels, qui consistent dans l'estime, pas-

sant de cette définition à une brusque apostrophe :
« Il n'est pas nécessaire, dit le théologien, parce
» que vous êtes duc, que je vous estime; mais il
» est nécessaire que je vous salue; si vous êtes
» duc et honnête homme, je rendrai ce que je
» dois à l'une et à l'autre de ces qualités. Je ne
» vous refuserai point les cérémonies que mérite
» votre qualité de duc, ni l'estime que mérite
» celle d'honnête homme. Mais si vous étiez duc
» sans être honnête homme, je vous ferais en-
» core justice; car en vous rendant les devoirs
» extérieurs que l'ordre des hommes a attachés à
» votre qualité, je ne manquerais pas d'avoir
» pour vous le mépris intérieur que mérite la
» bassesse de votre esprit (1). »

C'est dans la forme d'une hypothèse que Pascal s'adresse à un duc; c'est dans la même limite
que je m'arrête, M. le comte; et si notre illustre
janséniste, par sa restriction mentale au profit des
respects et des cérémonies extérieurs, a levé mes
scrupules, et m'a déterminé à saluer vos titres,
quelque magnifiques qu'ils soient, il est bien entendu que je n'affirme point par là que vous pos-
sédiez toutes les qualités que ces titres supposent;
que vous soyez digne de toute l'estime qu'ils mé-

(1) Pensées de Pascal, prem. part., art. 12.

ritent; que l'homme enfin soit aussi excellent, aussi juste, aussi grand que le déclare, avant le jour de l'apothéose, la légende inscrite à la porte de son ministère. Je respecte le Garde-des-sceaux; je me tais sur la personne privée, et je laisse parler les faits publics. Ces faits, recueillis dans le cours de mon travail habituel sur les événemens contemporains, et entremêlés de quelques observations, feront voir, si je ne me trompe, la suite et l'enchaînement de ce qui étonne aujourd'hui par un éclat soudain, comme une bombe partie tout à coup d'une batterie depuis long-temps masquée. Telle sera ma part du tribut commun que les opinions diverses paient à Votre Grandeur. Puisse-t-elle, dans ce miroir naïf où va se réfléchir son image, autour de laquelle se grouperont les principaux traits de ses deux collègues, puisse-t-elle rencontrer quelques motifs pour se réconcilier avec la franchise de la presse !

Votre existence politique date, je crois, du 12 mars 1814, Monseigneur; et bien que cette circonstance soit restée long-temps obscure, j'aime à la rappeler maintenant que vous avez reçu le prix inespéré de votre zèle à cette époque, et des services plus réels que vous avez rendus depuis. C'est d'ailleurs le privilége de ceux qui deviennent grands de faire rejaillir une partie du lustre qui les environne sur le petit horizon où ils ont commencé à poindre. Cette espèce·de rétroactivité n'a rien que de juste et de moral. Heureux celui qui , parvenu au grand jour de la faveur et de la puissance, voit sans crainte et sans ennui le sillon lumineux s'étendre jusqu'à son humble berceau , éclairer les lieux où vivent encore les témoins et les compagnons de sa jeunesse ! Heureux celui qui ne redoute point alors pour sa vie privée cette publicité orale qui, par nos mœurs plus fortes que nos lois, *suit jusque dans son intérieur le magistrat , pour le peindre tout entier,* comme dit d'Aguesseau (1) , *tourne tous les regards,* comme dit Massillon, *vers ces maisons bâties sur la montagne où il n'est plus permis de s'égarer à l'insu du monde* (2)! Quelque privilége que ces deux orateurs accordent sous ce rapport au *moins flatteur et au plus fidèle de tous les peintres ,* selon d'Aguesseau encore ; quelque *ressemblance,* quelque *vérité de caractère* que celui-ci suppose dans *les portraits que trace le public* (3), je n'ai nulle intention d'encadrer ici le vôtre. Un écrivain anglais, qui dévoue

---

(1 et 3) *La justice du magistrat dans sa vie privée,* dixième mercuriale.

(2) Petit carême , *Vices et vertus des grands.*

maintenant aux États-Unis sa fortune et sa vie à l'affranchissement des esclaves, miss Wrigth, a beau prétendre qu'on a tort de séparer le caractère public d'un homme de son caractère privé ; que cette distinction est plus que dangereuse ; qu'elle est d'une immoralité révoltante (1), cela prouve seulement, Monseigneur, l'admirable prévoyance de votre loi, qui exclut les femmes de la rédaction des journaux. Un illustre magistrat a beau me crier : c'est en vain qu'on cherche à distinguer dans le ministre de la justice la personne privée et la personne publique (2); le Code, qui protége les fonctionnaires, crie plus fort que lui, et il me semble entendre la terrible ordonnance de la reine Élisabeth contre la diffamation en peinture. « Sa Majesté décrète qu'à l'avenir tout
» peintre ou graveur devra s'abstenir de peindre,
» graver ou dessiner la personne de Sa Majesté,
» jusqu'à ce que le peintre choisi à cet effet ait
» d'abord mis la dernière main à son portrait,
» approuvé par elle ; après quoi elle permettra
» qu'on en fasse des copies fidèles, avec autori-
» sation préalable; elle enjoint expressément à

_____

(1) Voyage aux Etats-Unis, t. Iᵉʳ, lett. 9.

(2) D'Aguesseau, sixième mercuriale. *Les mœurs du magistrat.*

» tous les officiers de sa maison d'empêcher qu'on
» expose ou qu'on publie les portraits qui ont quel-
» ques défauts extérieurs, » etc. , etc (1). Comme
je ne veux, Monseigneur, ni copier votre portrait
officiel, ni courir les chances d'une peinture qui
offenserait l'original, je renvoie votre personne
privée à miss Wrigth, à Massillon, à d'Aguesseau,
à vous-même, et je continue à crayonner la physionomie de la personne publique.

Au 12 mars 1814 donc, Monseigneur, avocat peu connu au milieu des notabilités du barreau bordelais, par quel art vous êtes-vous frayé
une route qui devait vous faire gagner de vitesse
vos plus célèbres devanciers ? Comme eux, sans
doute, vous sûtes démêler la bonne cause à travers l'entourage étranger qui trompait des yeux
moins clairvoyans que les vôtres, et partageait encore les opinions ; mais doué d'un tact plus fin que
la plupart de vos émules, dans la couleur générale, vous saisîtes hardiment la nuance heureuse.
Il est en politique des saisons favorables, des
terrains propices, où l'homme prévoyant sème
avec fruit, où le grain de sénevé est presque sûr
de devenir un grand arbre. Du reste, je com-

(1) Cette singulière ordonnance est rapportée dans le
Mercure du 19ᵉ siècle, T. 2, p. 142.

prends à merveille que vous vous soyez rallié avec tant d'autres à ces paroles mémorables : *oubli du passé*, *bonheur de l'avenir*, *plus de tyrannie*, *plus de guerre*, *plus d'impôts vexatoires* (1)! Qui songeait alors au milliard annuel, surchargé, par incident, d'un milliard d'indemnité? Qui songeait à ces impôts dont la fiscalité, guidée par la politique, vexe l'industrie et rançonne la pensée? Que d'autres choses auxquelles on ne songeait guère! Plus de tyrannie! criait-on en présence de Votre Grandeur, qui criait elle-même, tandis que la Providence la désignait *in petto* au nombre des pygmées qui soulèveraient un jour la massue d'Hercule, et la laisseraient retomber sur la nation lourdement et sans gloire. Que de choses encore, dans cet avenir de bonheur! Les Anglo-Espagnols, auxquels Bordeaux ouvrait si joyeusement ses portes, auraient bien ri, je crois, si quelque prophète se fût avisé de prédire que dans dix ans nous occuperions l'Espagne, à main armée, sans lui faire répéter à notre tour *oubli du passé;* que dans douze ans des menaces de guerre seraient proférées par des voix alors si pacifiques contre ces Anglais que Sa Majesté Louis XVIII *regardait, après*

(1) Paroles du duc d'Angoulême à son entrée à Bordeaux. *Journ. des Débats* du 2 avril 1814.

*la Providence, comme la cause principale du rétablissement de sa maison* (1). A Paris, aussi bien qu'à Bordeaux, la foule entourait le prince, qui répondait avec tant de grâce : mes amis, *ce n'est qu'un Français de plus* (2). Hélas! ni le prince ni la foule ne voyaient accourir du fond de la Russie, de la Pologne, de l'Italie, ces légions de moines qui ont envahi notre pauvre France, et sur l'invasion desquels il serait de votre devoir, Monseigneur, d'éclairer enfin la religion du Roi. Vous n'avez, pour cela, qu'à mettre sous les yeux de Sa Majesté les arrêts de la cour royale, la pétition de M. de Montlosier, la dernière décision de la chambre des pairs (3), et les renseignemens que peut vous procurer M. d'Hermopolis, ou, sur son refus, M. de Corbière, qui sait combien l'intérieur compte d'étrangers de plus sous la robe de jésuites ; ou bien encore M. de Villèle, qui n'ignore pas ce qu'il en coûte au trésor qu'alimente l'industrie nationale.

Ces deux derniers noms se lient désormais si

(1) *Journal des Débats* du 26 avril 1814.

(2) *Idem* du 15 avril.

(3) Quatrième chef de la pétition de M. de Montlosier, chef relatif aux établissemens des jésuites en France, renvoyé par la chambre des pairs au président du conseil des ministres. *Bulletin* du 19 janvier 1827.

intimement au vôtre, Monseigneur, que je ne puis retracer vos premiers pas dans la carrière sans me rappeler ceux de vos compagnons historiques. Tandis que par l'opportunité de votre ferveur, et par la sagacité de vos affections politiques, vous jetiez à Bordeaux les fondemens inaperçus de votre élévation, deux hommes ignorés de vous, sans doute, autant que de la France, cédaient à une prédestination semblable. A Rennes, M. Corbière, simple avocat comme M. Peyronnet, disait hautement, et de manière à être entendu des personnes qui ont de la mémoire, que le *bonheur de l'avenir*, annoncé par les Bourbons, n'était que dans le rappel du passé; et de ce passé, il faisait deux parts : celle de la révolution, pour s'en venger ; celle de l'ancien régime, pour le rétablir : partage admirablement calculé, et qui a fait sa fortune. A Toulouse, M. Villèle, déjà le premier de ses futurs collègues, opposait à la déclaration royale de Saint-Ouen, une contre-déclaration municipale; et cette opposition de courtisan subtil a été, avec le temps, punie par la présidence du ministère. Ce conseiller de département, réservé pour les conseils de la couronne, protestait contre la liberté publique et individuelle, garantie par une de ces constitutions qui lui semblaient des *jongleries po-*

*litiques*, dont il ne faut pas être dupe. L'inviolabilité des propriétés nationales, l'admissibilité de
tous les Français aux emplois civils et militaires,
la responsabilité ministérielle, l'impôt librement
consenti surtout, trouvaient un adversaire opiniâtre dans l'homme auquel est dévolu, depuis quatre
ans, le portefeuille des finances. Quant à la liberté des cultes et à celle de la presse, M. de
Villèle les repoussait en les éludant par ce passage
d'une ironie amère et trop bien méritée : « jamais
» l'inquisition, tant politique que religieuse, n'a
» comprimé si complètement la nation que de-
» puis qu'on s'est occupé de donner des garan-
» ties à la liberté de la presse et des cultes (1). »
Ainsi s'entendaient déjà de loin, et sans se
connaître, ainsi préludaient à l'administration
d'un pays constitutionnel, deux hommes qui appelaient de tous leurs vœux la contre-révolution,
qui nommaient les chartes des jongleries politiques, et qui en ont rencontré un troisième avec
lequel ils mettent leurs paroles en action.

----

(1) *Observations sur le projet de constitution, adressées à*
*MM. les députés du département de la Haute-Garonne au*
*Corps législatif, par un habitant de ce département*, 20 mai
1814. Imprimé chez Monovit, rue Saint-Rome, à Toulouse.

*Hic vir, hic est*, m'écrierai-je, en vous appli-
quant, Monseigneur, ce mot qui sert d'épigraphe
à une lettre célèbre dans les fastes du barreau de
votre ville. Cette lettre, dont on connaît la réponse, fut écrite à votre compatriote, M. Ravez,
par ses anciens amis, les infortunés jumeaux de
la Réole ; et leur infortune, qui ne fut pas la seule,
me reporte à 1815, à cette époque où la cause
victorieuse vous trouva plus fidèle, plus dévoué
que jamais : toutefois ce dévouement se concentra
pendant quelques années encore dans un cercle
aussi peu nombreux que bien choisi. Votre vie
publique se confondant ici avec votre vie privée,
je m'abstiendrai d'en faire mention. On peut dire
cependant, ou du moins on peut croire que le
gouvernement occulte, aujourd'hui patent, ou peu
s'en faut, qui, sous la dénomination religieuse de
congrégation, recrutait des sujets propres à ses
vues, jeta dès lors les yeux sur vous, qu'il vous
jugea d'une capacité merveilleuse pour ses desseins, et que le temps qui s'écoula avant que vous
fussiez en évidence fut un temps d'épreuves et de
noviciat durant lequel vous justifiâtes la confiance
de vos patrons, et prîtes vos degrés auprès d'eux.
Ceci explique votre arrivée subite au timon des
affaires ; vous nous administriez déjà que personne
ne vous apercevait encore ; vous étiez dans les

rangs d'une troupe cachée derrière le pouvoir visible, et qui en se découvrant à moitié, montra le ministre dont elle avait fait choix pour la France jusqu'à nouvel ordre. Mais tandis que vous grandissiez dans l'ombre, M. de Villèle était déjà maire de Toulouse et bientôt député; M. de Corbière, élu pour la même chambre, complétait la législation des cours prevôtales par la jurisprudence de la rétroactivité, que vous invoquez aujourd'hui en faveur de la presse; et M. de Corbière et M. de Villèle amendaient la loi d'amnistie par l'extension des catégories. Un trait pourtant aurait signalé en vous un de leurs émules, s'il ne vous était commun avec plusieurs confrères qui n'ont pas tous figuré depuis dans les hautes fonctions publiques. C'était à peu près dans le temps où le fonctionnaire qui exerçait la magistrature paternelle de maire de Toulouse avait la douleur de voir le général Ramel assassiné sous ses yeux; c'était dans le temps où l'organisation secrète des *Verdets* se propageait dans le Midi. Vous étiez alors avocat à Bordeaux; les frères Faucher cherchaient un défenseur; vous savez le reste, et je n'ai garde d'insister sur un point qui doit être fort délicat, puisque tout le talent des auteurs de la *Biographie contemporaine* n'a pu soustraire à la vindicte provoquée sous votre ministère l'écrivain qui parle de ce procès où votre nom ne se trouve pas. Je me borne à observer que la nature ne semble pas vous avoir destiné à la défense des accusés; aussi le gouvernement, qui avait fait sans doute la même observation, vous chargea-t-il quelques années plus tard d'une mission toute différente.

Je ne veux point ici parler de la présidence du tribunal civil de Bordeaux. Votre allure juvénile s'accommodait peu d'un petit fauteuil de province; votre impatience politique encore moins. Celle-ci nommait plaisamment l'inamovibilité un *impasse*; et, sur vos instantes prières, le ministre de cette époque vous ouvrit la grande route du parquet. Le temps de votre présidence ne vous fut pourtant pas inutile, et durant cette courte *inamovibilité* vous apprîtes à connoître les avantages et les inconvéniens de la magistrature viagère et modestement rétribuée. Le respect profond que vous avez conservé pour cette magistrature est une suite, sans doute, de vos souvenirs et de votre expérience personnelle. A ce retour sur vous-même vient se joindre la mémoire de tant de procès qui divisent les familles et ruinent les citoyens; et telle est la clef des améliorations que vous avez voulu apporter au *Code civil* par le droit d'aînesse et l'abolition des contre-lettres.

Enfin, là vous avez médité à loisir ces paroles de d'Aguesseau, pour en repousser l'application : *on dirait qu'il n'a été juge que pour mieux posséder ces voies obliques et ces chemins tortueux par lesquels on peut se rendre maître de toutes les avenues de la justice* (1). Toutefois, malgré cette capacité vaste et flexible qui vous a fait mettre à profit votre séjour au milieu des hommes de la loi, une aptitude naturelle vous appelait parmi les gens du Roi.

C'est dans le poste de procureur-général près la cour royale de Bourges qu'une vocation, secrètement cultivée, se déclare, et commence à produire ses fruits. Je ne m'arrêterais pas cependant à ce degré inférieur où vous ne parûtes que pour vous élancer sur un plus vaste théâtre, si une de ces affaires purement civiles pour tant de magistrats n'eût été pour vous féconde en résultats politiques. Heureuse circonstance où vos talens oratoires se déployèrent en faveur d'une dame devenue puissante si à propos pour vous témoigner sa reconnaissance en concourant à vous armer du pouvoir. Tout s'enchaîne dans ce monde moral et religieux ; et, pour parler le langage d'un pieux abbé, *une voix qui à tant de titres était*

(1) *La justice du magistrat,* etc., X⁰ mercuriale.

2

*chère au monarque* (1) sut, peu de jours avant le moment fatal, rapprocher les personnes, réunir les cœurs et gagner une cause dans laquelle vous et vos amis vous étiez vivement intéressés. C'est ainsi que la dette de l'éloquence judiciaire fut acquittée par l'éloquence la plus douce et la plus persuasive; c'est ainsi que, protecteurs et protégés tour à tour, nos hommes d'état n'ont trouvé qu'une transition insensible dans une de ces catastrophes qui renversent ordinairement les ministres les mieux affermis. Ajoutons que celle qui eut tant de part à ce prodige n'a point travaillé pour des ingrats, et qu'elle offre un exemple peut-être unique dans les fastes de la monarchie. Et toutefois rendons justice à la prévoyance de M. le président du conseil, qui, tout en acceptant cet utile et gracieux auxiliaire, ne se manqua point à lui-même, et ménagea si religieusement son culte entre l'astre qui allait s'éteindre et l'astre qui allait briller, que ce principe, *le roi ne meurt jamais*, sembla communiquer sa vertu au ministère. Nouvel exemple encore tel que la monarchie ne nous en offre point dans ses antiques annales. A ces différences entre le présent et le passé, que je si-

(1) Eloge funèbre de Louis XVIII, par M. l'abbé Liautard, 3ᵉ édit. p. 46.

gnale pour répondre à ceux qui voient partout le
retour de celui-ci, il me serait facile d'en ajouter
beaucoup d'autres. Il me suffira de demander si le
prince de Ligne aurait pu dire de la cour restaurée avec Louis XVIII, ce qu'il disait des cours
dégénérées de son temps : que les favoris, les maî-
tresses et les confesseurs y sont les seuls qui n'ont
pas de responsabilité (1).

Ramené par mille rapports intimes et curieux
d'une époque à l'autre, d'une situation précédente
à la situation actuelle, il faut, Monseigneur, que
je revienne avec vous sur mes pas ; mais du moins
je n'aurai plus à changer de ville : le flambeau
qui éclaire la justice de Bourges va luire à Paris.
Une accusation de complot occupe la cour des
pairs, convoquée par ordonnance. Certes dans la
capitale où siége cette cour, le ministère public
ne manque pas d'organes qui ont fait leurs preuves.
Quel honneur pour vous, Monseigneur, au milieu
d'un tel concours de talens exercés, de dévoue-
mens rivaux, au milieu de tant de serviteurs appelés, d'être élu au fond d'une province, et de
figurer en première ligne auprès de M. Vatisménil
et de ses collègues ! La main invisible qui vous
guidait ne vous avait point pris au hasard. L'at-

(1) Paroles citées dans l'Histoire des confess., p. 74.

tente de ceux qui exigeaient le plus d'un zèle
nouveau ne fut point trompée; l'expérience qui
vous assistait fut éclipsée par votre ardeur. M. de
Marchangy lui-même, déçu dans l'espoir d'occuper votre place alors et plus tard, M. de Marchangy, qui à la vérité prit bien sa revanche une
année après, M. de Marchangy n'aurait pas fait
mieux; et si, depuis son succès de La Rochelle,
aiguillonné par l'ambition, jaloux de votre simarre, il eut le droit de dire avec orgueil et
chagrin que les puissances oratoires de la défense
n'avaient pas arraché ses prévenus comme les vôtres
aux puissances du réquisitoire (1); si la pairie, qui,
comme chambre, rejeta plus d'une loi funeste
présentée par vous, refusa, comme cour souveraine, de frapper les têtes désignées au coup mortel, personne n'a le droit d'accuser ou votre énergie ou votre persévérance.

L'importance du personnage m'a obligé, en
parlant de vous, Monseigneur, à remonter jusqu'en 1814; c'est ainsi qu'on aime à visiter la
source, quelque faible qu'elle soit souvent, de
ces fleuves qui, en avançant, creusent un lit plus

---

(1) Allusion à un passage célèbre du plaidoyer de M. de
Marchangy, avocat-général à la cour royale de Paris, prononcé le 29 août 1822 devant la cour d'assises de la Seine,
dans la conspiration de La Rochelle. Réplique, p. 221.

large, le débordent, envahissent et renversent les obstacles ; mais c'est vraiment de la cour des pairs que vous datez pour la France; c'est là qu'elle a connu votre éloquence, sous l'inspiration de laquelle je viens de hasarder une métaphore un peu ambitieuse peut-être. Quelle verve en faveur du secret, de la dénonciation, de l'extradition! quel à-propos d'érudition dans la législation criminelle empruntée aux temps de Caïus et de Commode, de sanglante mémoire ! Vous le disiez bien alors, Monseigneur, *l'éloquence a d'admirables secrets* (1). Ils vous furent révélés à Bourges; ils vous furent mieux connus à Paris. C'est grâce à eux que vous marchez l'égal, sinon le supérieur, et de ces pairs qui ne vous accueillirent pas d'abord avec toute la vénération que vous inspirez aujourd'hui, et de ce chancelier qui ne devinait point un garde-des-sceaux dans l'orateur avec lequel on aurait dit qu'il aimait à se mettre en contraste, sinon par son opinion, du moins par sa contenance et les formes du langage. Grâce aux mêmes secrets vous avez obtenu ce que vous sollicitiez *pour prix de votre dévouement et de*

(1) Réplique prononcée par M. de Peyronnet dans la conspiration du mois d'août 1820. Pour ce mot, p. 64, et pour le reste *passim.*

*votre zèle, une faible part à l'estime et à la con-*
*fiance des hommes de bien* (1); et ce prix vous est
plus que jamais dévolu.

Mais de toutes les audiences où ce zèle et ce dévouement ont éclaté, aucune ne vous a mieux fait
connaître que celle du premier juin (2). Ce jour-là
un dialogue dramatique s'engage entre vous, procureur-général, et le colonel Fabvier, simple témoin; seuls acteurs dans cette scène improvisée,
vous attirez l'un et l'autre tous les regards, et
juges, prévenus, avocats ne sont plus que specta-
teurs. Le débat roulait sur un point fort délicat.
Une confidence avait été faite au colonel par une
personne qu'il ne nommait pas; votre devoir, lui
disiez-vous, est de la nommer; l'honneur, ré-
pliqua-t-il, me commande de taire son nom. A
cette repartie vous invoquez à votre tour l'honneur
à l'appui du devoir; vos interpellations, adroitement suspendues, sont pressantes, pathétiques,
menaçantes; les réponses du colonel sont fermes
et nobles; il en appelle des magistrats en fonctions
à la conscience des mêmes hommes dépouillés des
insignes de la loi; enfin, contre un silence opiniâtre, vous réclamez l'amende au prix de laquelle

(1) Réplique, p. 46.
(2) 1821.

le colonel achète le droit d'être discret, et chacun de vous persiste dans sa manière d'entendre et de pratiquer le devoir et l'honneur. Aussi avez-vous suivi une route différente : Fabvier combat pour la cause des Grecs, pour la cause de l'indépendance et de la liberté; c'est à ses yeux la carrière de l'honneur; la carrière que vous suivez vous impose d'autres devoirs; et, pour terminer ce chapitre de votre histoire par une belle pensée empruntée au héros, pour conclure ce drame par une moralité que vous ne désavouerez pas: « violer son serment » est un parjure; commettre un parjure, c'est » renoncer à l'honneur, c'est accepter l'ignomi-» nie (1). »

En acceptant le ministère, Monseigneur, votre intention fut sans doute de tenir vos sermens à la Charte et aux lois dont la justice était placée sous votre sauve-garde; et cependant les clameurs d'une surprise universelle accueillirent votre élé-vation; il semblait qu'un intervalle immense sé-parât les fonctions momentanées d'accusateur des fonctions de garde-des-sceaux; on ignorait que cet intervalle avait été comblé d'avance par des services rendus sans bruit; on ignorait que *l'élo-*

(1) Paroles de M. de Peyronnet à la cour des pairs dans le procès de la conspiration du 19 août 1820. Séance du 1er juin 1821.

*quence a d'admirables secrets.* Aussi combien de personnes supputaient avec malignité le nombre des hommes d'état, des vétérans de la magistrature, des orateurs renommés sur lesquels la préférence vous était accordée ! Ces personnes se montraient bien peu au courant des choses du monde administratif. Là tout gît dans le dévouement et le zèle, et devant ces qualités disparaissent la réputation et l'expérience. Le coup d'œil jeté sur votre vie antérieure nous donnerait le mot de l'énigme, si c'était une énigme encore; et si j'interrogeais ceux-là même qui ont osé être jaloux de votre fortune, je suis sûr qu'aucun d'eux aujourd'hui n'oserait lutter avec vous de zèle et de dévouement. Je cherche à la chambre des pairs, à la chambre des députés, au barreau, au parquet, sur les siéges de nos cours et de nos tribunaux, dans le cercle des anciens fonctionnaires, dans les rangs des simples citoyens, je ne trouve pas un audacieux qui ambitionne d'attacher son nom aux actes qui remplissent votre premier lustre ministériel. Votre Grandeur est parvenue, par un moyen tout nouveau, à imposer silence à l'envie.

Vous voilà donc ministre, Monseigneur....... Mais j'allais oublier avec le public que vous fûtes auparavant député. Cependant la gaîté française devrait s'en souvenir; votre première apparition à la tribune, comme rapporteur d'un bureau, excita l'hilarité de la Chambre. L'objet du rapport pouvait s'expliquer en deux mots. Ce texte simple, amplifié par vous, est semé dans les feuilles du temps de ces parenthèses : *on rit, on murmure*. Patience, messieurs, dans peu vous pourrez bien murmurer encore, mais non pas rire. Cependant M. de Peyronnet, fruit du double vote électoral, député perdu dans la foule du centre, se glisse parmi les membres de la commission qui votera la loi de censure apportée avec un autre projet contre la presse par un ministère à l'agonie. C'est là que l'élu de la ville de Bourges étudie la tactique parlementaire, l'art de combiner entre eux les articles d'une loi nouvelle et de les coordonner avec les articles d'une loi ancienne, l'art de parer les motifs politiques de motifs oratoires; quelques jours lui suffiront pour sortir de cette école professeur expérimenté. En attendant, il aide de tous ses moyens les ministres présens à forger des armes pour leurs successeurs, qui, à leur tour, en forgeront bien d'autres pour leurs maîtres et pour leurs héritiers. L'occasion est bonne. Il a ouï répondre au ministère, qui hésitait, par le parti qui fait les ministres : *avec vous ou sans vous*. Si le courage manque aux autres, il se présentera, il n'hésitera pas, et rien ne se fera sans lui. Tandis que ces idées roulent dans la tête du simple membre de la commission de censure, tous les regards sont tournés vers M. de Serre, garde-des-sceaux, M. de Serre, dont l'éloquence naguère si vraie, si imposante alors qu'il défendait de généreuses doctrines, s'éteint en vagues subtilités pour détruire le peu de bien qu'il a fait. Il prétend acheter à ce prix un pouvoir qu'il ne conservera pas, et traîner au milieu des regrets sa chaîne ministérielle que l'or doit rendre moins pesante. Le malheureux! il ne sait pas qu'il rêve les grandeurs sur le bord de la tombe où la maladie qui le dévore, en même temps que la soif des honneurs, va terminer son ministère avec sa vie, si le parti dont il fut l'instrument, pressé de jouir, ne voulait sans délai le dépouiller de la simarre pour vous en revêtir, Monseigneur (1)!

(1) 14 décembre 1821. Ordonnance du roi par laquelle MM. Peyronnet, Villèle, Corbière, etc., etc., sont nommés ministres secrétaires-d'état en remplacement de MM. de Serre, Siméon, Roy, etc.

# LETTRE II.

————

Vous voilà donc ministre, Monseigneur, et ministre de la justice ; vous arrivez au sommet du pouvoir le même jour que les deux émules qui ont si long-temps troublé votre sommeil ; vous nommez du doux nom de collègues les comtes de Villèle et de Corbière, vous êtes comte vous-même, vous êtes noble, et la France sait à quel prix maintenant quelques plébéiens achètent la noblesse. Dès votre début vous avez hâte de payer votre dette et de célébrer dignement votre bien-venue au conseil. Celui qui vient de disparaître sous de funestes auspices, poussé lui-même, a jeté le gouvernement dans de telles voies que les plus brillantes occasions vont s'offrir à vous. Le double projet de tendance et de censure n'attend qu'un champion ; vous volez, pour le soutenir, aux combats de la tribune. Tout dans la loi est calculé pour l'arbitraire, jusqu'à l'absence du délit ; tout

est calculé pour la servitude ou la destruction de
la presse périodique, sous quelques apparences
de liberté, et pour se passer des apparences si elles
deviennent une gêne; tout est prévu enfin, sauf
l'indépendance de la magistrature, sans laquelle
on n'a pas rougi de compter, sauf l'avènement de
Charles X, que la presse affranchie a élevé sur le
pavois. Et cet avènement, qui, pour être joyeux,
dut payer tribut à l'opinion publique, donner l'essor
aux vérités captives, et par là condamner la fin
du règne précédent, est une de ces circonstances
inopinées qui en rappelle, qui en promet d'autres où
furent, où seront déjoués en un moment les longs
efforts d'une oppression systématique. Ainsi Castle-
reagh, hors de la justice des lois, se fait justice
à lui-même; et déjà commence à se disjoindre
l'édifice européen élevé à grands frais d'argent,
d'hommes, de temps et de crimes, et déjà un
monde nouveau, échappé à la servitude et à l'anarchie, se constitue dans l'Amérique méridionale ;
et bientôt les principes qui président à sa renais-
sance iront sur des vaisseaux anglais rajeunir la
mère-patrie. En Grèce, une poignée d'esclaves
courbés depuis des siècles sous le joug fatal des
Musulmans, brise ses fers et rompt par cette se-
cousse, dont s'irrite en vain la diplomatie, quelques
anneaux de cette chaîne que rivaient d'accord les

cabinets chrétiens. Alexandre, un jour maître de
l'Europe et de lui-même, dix ans jouet de l'intrigue,
meurt et achève d'ensevelir avec lui cette sainte-
alliance expirante de ridicule et d'ignominie. Et
cependant les nations, qui ne meurent pas, reçoi-
vent par les moyens les plus inattendus, et souvent
par ceux même qu'on emploie pour les leur ravir,
les bienfaits du temps et de la civilisation. Avec
quelle compassion elles regardent alors ces puissans politiques qu'elles avaient long-temps considérés avec effroi !

Par un privilége singulier, Monseigneur, vous
êtes à la fois l'objet de ces deux sentimens; et,
pour revenir au point d'où m'ont éloigné des
exemples consolans, la victoire qui vous adjoignit
pour auxiliaires les embûches de la tendance et la
massue des censeurs, ne vous a point empêché
de subir en vaincu, la censure de la justice et les
effets de la tendance morale des esprits. Après
cette victoire et ses conséquences, dont vos collègues peuvent revendiquer leur part, votre début
au ministère a été signalé par un triomphe plus
exclusif, disons mieux, par un plaisir plus personnel et plus exquis. L'ordre des avocats placé, depuis l'Empire, sous une législation qui était loin
d'être protectrice, est agréablement surpris de
quelques choix faits avec discrétion, mais avec

quelque faveur, pour l'indépendance et le talent. De jeunes confrères, devenus anciens à leur tour, siégent au conseil de discipline. Cette joie de famille ne dura qu'un jour. A la nouvelle d'une élection conforme au vœu général, Votre Grandeur s'émeut : la sûreté de l'état est évidemment compromise; le ministre est exposé lui-même à l'affront de voir quelque défenseur d'une victime de sa justice lui déplaire et se maintenir au tableau. Une *ordonnance* (1) prévient de si grands périls, et, sous le prétexte de rendre au barreau ses vieilles libertés, l'enrégimente, le distribue en colonnes mobiles, dont les évolutions, ingénieusement concertées, ne font sortir des rangs, pour les placer en tête, que des soldats éprouvés et désignés par le chef. Le dévouement dès lors est proclamé le premier titre des candidats. Et grâce à un conseil bien choisi d'après ce principe, une inscription se transformera un jour en brevet que l'administration pourra retirer à volonté, comme une patente de libraire; et la liberté de la parole aura, comme la liberté de la presse, sa censure légale et sa censure occulte. Un autre avan-

(1) Ordonnance du 20 novembre 1822, qui abroge le décret du 14 décembre 1810, relatif à l'ordre des avocats, et détermine les mesures de discipline auxquelles cet ordre sera soumis.

tage encore, ce sera de substituer la complaisance
au mérite, d'assouplir le caractère de quiconque
prétendrait parvenir avec la raideur du droit commun; de fonder une école de doctrines et d'habitudes obséquieuses où se formeront des sujets propres
à défendre toutes les causes, où se prépareront de
loin des *notabilités* qui, décorées du titre de repré-
sentans du barreau, viendront plaider à la tribune
pour le fort contre le faible, et rayer cauteleusement
du tableau de nos droits, comme un article contraire
à la bonne discipline, le libre usage de la parole
écrite, si elle s'échappe sous des formes populaires. En ce moment même le réglement de
police imposé au barreau agit efficacement en faveur du projet sur la police de la presse. Lorsque
les personnes les plus étrangères à l'imprimerie
unissent, dans un intérêt général, leurs pétitions
aux pétitions des imprimeurs; lorsque l'Académie
élève la voix, l'ordre des avocats se tait. Le timbre,
en frappant les mémoires judiciaires, entrave par
un impôt onéreux, et quelquefois interdit la défense; il donne à la partie riche un privilége
contre la partie pauvre; il condamne à d'énormes
frais le plaideur qui gagne et celui qui perd, et à
une amende préalable tout prévenu de délit politique qui voudra faire imprimer sa justification :
et ce timbre si funeste à ses cliens, si outrageant

pour la justice, le barreau comprimé ou déconcerté par des chefs qui ne sont point de son choix, l'abandonne aux hasards d'un amendement spontané. Voilà, Monseigneur, un fruit de votre *ordonnance* que vous devez goûter avec délices au milieu des amertumes présentes.

Pour peu qu'on presse l'examen de ce grand coup d'état, on en fera jaillir mille petites satisfactions que Votre Grandeur aura pu savourer, si elle est friande de ce mets, qui est celui des dieux au dire de Lafontaine. Le ministre de la justice a vengé jusqu'à Paris les injures de l'avocat de Bordeaux ; l'homme d'état a fortifié son influence publique d'une influence secrète sur les hommes de loi ; le garde-des-sceaux a écrasé de toute sa supériorité cette génération naissante d'orateurs qui à la cour des pairs avait tenu tête au procureur-général. Ils ne feront pas partie du conseil de discipline, et celui-ci saura bien les mettre à la raison s'ils sortent des bornes. Cette rencontre piquante n'est pas la seule que vous ait offerte votre prospérité, Monseigneur. Vous retrouvez bientôt et M. Blanchet, avocat, qui en votre présence avait exclusivement loué le second organe du ministère public lorsque vous occupiez le premier rang ; et M. Poubel, témoin, qui avait entendu l'honneur dans le sens du colonel Fabvier : tous deux ont besoin de votre autorisation, l'un pour plaider en cassation, l'autre pour acquérir une charge de notaire de campagne; tous deux obtiennent un refus. Plus tard vous retrouvez sur les bancs de la police correctionnelle, où le poursuit votre justice, Isambert, qui met à sauver des malheureux tout l'acharnement que d'autres mettent à les perdre, qui leur fait un rempart protecteur des formes de la loi où d'autres ne cherchent que des piéges meurtriers; Isambert, qui fatigua Votre Grandeur de son opiniâtreté dans le procès de la Martinique, et de son importunité dans le procès du colonel Caron. Vous surprenez encore, à l'occasion de celui-ci, Barthe plaidant pour l'honorable Kœchlin; vous le surprenez à l'instant où il vient de raconter une anecdote un peu vive qui vous concerne, et où il est, pour cette indiscrétion, suspendu pendant un mois de la parole qu'il a vouée à tant de nobles et illustres causes. Avec les avocats arrivent les prévenus; et pour ne vous occuper que de Caron, si funeste à ses défenseurs, il peut bien, à la cour des pairs, échapper à votre réquisitoire, mais non pas tromper votre vigilance administrative. Ne feignez pas, Monseigneur, de voir ici une attaque contre la chose jugée; si je préfère les magistrats civils, je respecte infiniment les commissions militaires, qui d'ailleurs font promptement justice de ceux même qui déclinent leur compétence. Il paraît que cette justice est si prompte qu'elle n'attend ni les arrêts de la cour de cassation, ni les recours en grâce. Caron en offre la preuve, aussi bien que de la dextérité, je dirais presque de la gentillesse avec laquelle on sut, dans votre ministère, manier une arme encore nouvelle pour vous ; je veux parler du télégraphe, qui plus d'une fois envoya la mort à travers les airs avec la rapidité de la foudre. J'ignore quel usage vous en fîtes avant l'exécution du colonel Caron ; je sais seulement que la nouvelle de cette exécution parvint à Paris avec tant de diligence qu'elle était insérée dans votre journal du soir la veille de l'audience où la cour suprême devait prononcer sur la requête de Caron (1). Et ce colonel, *assez naïf pour se laisser séduire par des sous-officiers* (2), condamné à mort pour avoir embauché un escadron ou pour avoir été embauché par un escadron, enlevé à la juridiction ordinaire, fusillé sans sursis, Caron n'apprendra que devant son juge souverain et le

(1) Voir les pièces de ce procès ; les détails donnés par M. Isambert à la cour de cassation ; l'article *Caron* dans l'*Annuaire nécrologique* de M. Mahul, année 1822.

(2) Expressions du *Journal du Haut-Rhin* du 23 juillet 1822 ; journal rédigé sous les yeux de la préfecture.

vôtre, Monseigneur, que son pourvoi s'est égaré
dans vos bureaux, que ses vainqueurs ont reçu en
pleine place publique le prix de leur victoire, ce
prix auquel l'Evangile a donné un nom; que le
récit des événemens de Colmar est une diffamation punissable, et le fait une action digne d'éloges
et de récompenses; qu'un député courageux, fort
du témoignage de plus de cent notables qui signent
ce qu'ils ont vu, fort de l'aveu des provocateurs,
est emprisonné comme coupable de calomnie; et
que Votre Grandeur poursuit en paix le cours de
ses triomphes.

En paix, Monseigneur, je me trompe; votre
repos est parfois troublé, et à la tribune même,
pendant la session dernière, cette phrase accusa-
trice retentit à quatre reprises : « comment se
» fait-il que le glaive de la loi, confié au garde-
» des-sceaux de France pour venger la société ou-
» tragée, ne soit entre ses mains qu'une arme
» destinée à protéger le crime et l'assassinat (1)? »
Vous répondites, il est vrai, avec beaucoup d'assurance, et la politique fut appelée par vous au secours de la justice. « M. le garde-des-sceaux n'a
» rien nié de ce que j'ai avancé, répliqua le dé-

(1) Paroles de M. de La Bourdonnaie. Chambre des
députés, séance du 22 mai 1826.

» puté accusateur; il est convenu qu'il est tombé
» en forfaiture. » Le centre murmura; le ministre
se tut. Je souhaite que ce silence et les explications précédentes aient satisfait la Corse, où se
commettent ces crimes, et le reste de la France,
où se réfugient les assassins.

En paix, Monseigneur, je me trompe, du moins
du côté de la conscience publique. Et si elle se sou-
lève aujourd'hui avec un éclat inaccoutumé, croyez
qu'il entre bien des souvenirs refoulés au fond des
cœurs dans cette subite explosion. Les sentimens
même qui se sont déjà manifestés se raniment par
une provocation nouvelle; et votre projet de faire
taire ceux à qui vous ne pouvez pas faire peur,
ceux à qui vous avez fait ou voulu faire tant de
mal, vous a remis en présence d'autant d'ennemis
qu'il y a de Français qui ne partagent point avec
vous la dépouille des libertés de la France. Leur
mémoire, à laquelle vous vous rappelez au moins
à chaque session législative, a cessé pour vous d'être
oublieuse. Au nom de M. de Peyronnet ils ratta-
chent aussitôt tous ses titres; il ne peut se mon-
trer à leurs yeux que tout entier; et pour me con-
former au caractère de notre nation qui passe volontiers du sévère au plaisant; pour parler à cet
effet l'idiome du gothique privilége, M. de Peyronnet s'avance, nonobstant clameurs de haro, en

vrai Don Quichotte de Loyola portant sur ses
armes non la devise de sa dame, mais une presse
brisée, la hache du licteur près d'un autel, les épées
croisées de deux frères, et une balance dont les bas-
sins inégaux contiennent, l'un le glaive de Thémis,
l'autre des scapulaires et des chapelets. Vous le
voyez, M. le comte, Votre Grandeur a cela de
merveilleux qu'avec elle le contraste est rapide,
qu'on passe brusquement d'une idée à une autre;
en cela du moins elle va bien au Français : prêt à
rompre en visière, comme Alceste, il regarde, et
la véhémence de ses émotions se termine par un
sourire. Il me semble vous voir encore, au milieu
de la Chambre orageuse de 1822, beau de vous-
même et de votre dignité récente, dressant une
tête satisfaite hors de la simarre dont vous êtes
caressé, jetant sur tout le côté gauche et particulièrement sur le général Foy ce coup-d'œil dé-
daigneux qui sied si bien à la supériorité du talent
et de la vertu, et laissant enfin rouler du haut de
la tribune des flots d'air retentissant. Cela est vide
de sens, s'écrie-t-on de toutes parts ; on est dans
une grande erreur, cela est-très significatif. N'a-
t-on pas remarqué au milieu de cette faconde
énigmatique le mot de factieux? Ces factieux qui
sont-ils ? La *foudre* et M. Mangin se chargent de
les nommer. Les factieux sont les députés qui si-

gnalent une arrière-pensée dans le *cordon sanitaire*, qui s'opposent à la mutilation du jury, à l'esclavage de la presse, à l'inviolabilité des fonctionnaires, à toutes les mesures par lesquelles on préparait les voies au parti que tout le monde appelle aujourd'hui la faction. Cependant il faut être juste : on fit grâce de la vie à ces conspirateurs ; ils en furent quitte pour des menaces impunies et des outrages salariés ; on se contenta de les bannir pour la plupart de la Chambre septennale qui avec eux n'eût point pris ce nom inconnu à la charte ; et l'ostracisme électoral compléta l'œuvre commencée par l'exclusion de Manuel. Du reste, vos réticences avaient plus de portée encore ; l'orateur qui se proclamait le *chef de la justice* (1) tenait beaucoup du procureur général qui naguère sollicitait vingt-quatre têtes : nouvelle preuve des termes énergiques dans lesquels se résument vos harangues sonores, preuve qui se reproduit à chacune de ces harangues dont la conclusion est tantôt : nous demandons au nom d'un Dieu de miséricorde que les sacriléges aient le poing et la tête coupés ; tantôt : les cadets, s'il plaît à vos seigneuries, seront réduits à la misère au profit de

_____

(1) Chambre des députés, séance du 14 février 1822, voir le discours de M. Chauvelin.

leurs aînés ; tantôt : nous condamnons, sauf l'approbation des Chambres, cent mille familles qui vivent de l'imprimerie à mourir de faim; conclusion laconique, je le répète, et qui rachète bien l'emphase de l'exorde. On prétend, Monseigneur, que ces oraisons cicéroniennes sont suivies, dans votre salon, des épanchemens d'une vanité naïve; cette vanité est bien pardonnable ; vos paroles portent coup, et si la fortune ne vous environnait pas de nombreux amis prompts à vous applaudir, vous pourriez imiter cet ancien qui n'ayant d'autres auditeurs de ses louanges, dit Montaigne, se bravait avec sa chambrière en s'escriant : « ô Perette, le galant et suffisant homme de maistre que tu as ! » (1) Vous pourriez seul, et le *Moniteur* sous les yeux, vous écrier : ô France, que tu as un galant et suffisant ministre !

Il faut l'avouer pourtant, Monseigneur, vos oraisons ne sont pas toutes également riches d'argumens *ad hominem;* mais il n'en est pas une qui, réduite à son expression la plus simple, ne tue quelqu'institution, quelque garantie de la charte ou du code. C'est une justice à vous rendre, et à l'appui de laquelle les témoignages ne manquent pas. Vos discours les plus vagues sont des

(1) Montaigne, l. 3, ch. 10.

actions très-positives, liées à un plan très-précis,
et qui tendent à un but dont personne aujour-
d'hui ne méconnaît la réalité. Comment n'avez-
vous jamais dévié de ce but? Comment sur une
mer si féconde en naufrages ne vous êtes-vous jamais écarté de la ligne du pouvoir? Comment enfin avez-vous résolu un problème qui a fait le désespoir de vos prédécesseurs? Vous avez, m'a-t-on
dit, dans un moment d'abandon, fait part de votre
secret, avec une rare modestie, à quelques-uns de
vos compatriotes. Ils s'étonnaient, comme je viens
de le faire, de cette fermeté à tenir le gouvernail
et à manœuvrer parmi tant d'écueils. Rien de
plus facile, répondez-vous; je vais chaque matin
prendre le mot d'ordre, et je suis, jusqu'au soir,
fidèle à ma consigne; voilà toute ma science politique, et vous conviendrez, mes chers amis, qu'elle
en vaut bien une autre. J'en conviens, Monseigneur,
bien que je ne sois pas de vos amis; mais quels sont
vos chefs de file? Serait-il vrai qu'il y a derrière
chaque ministre nominal un ministre réel membre
de la fameuse congrégation? Serait-il vrai que le
registre de la France fût ainsi tenu à double, méthode de gouvernement très-peu économique et
même très-peu monarchique? Serait-il vrai que
notre pays, simple province de l'empire sacerdotal, eût archevêché pour division militaire, dio-

cèse pour département, cure pour municipalité,
couvent pour hôtellerie, étape, poste, caserne;
car de ces couvens il y en a par milliers; et que
le royaume, à l'insu de ses habitans, fût sous la
domination théocratique des Samuel du Paraguay?
En attendant votre réponse, qui serait probablement
aussi claire que les explications qu'obtiennent de
vous les Chambres, si Votre Grandeur daignait
me répondre; en attendant que la congrégation, introduite par nos Sinon modernes et nos
Troyens aveugles, dans cette machine qu'on
nomme constitutionnelle, en sorte toute armée,
c'est à la sentinelle que je m'attaque, à la sentinelle
qui va prendre le mot d'ordre dans le camp ennemi.

Je le sais, Monseigneur, vous n'êtes pas seul
à veiller avec cette fidélité au poste que vous a
confié le prince. Un accord parfait, sous des apparences quelquefois diverses, règne entre vous
et ces deux collègues que je regretterais d'avoir
quitté un peu long-temps, si m'occuper de vous
ce n'était pas m'occuper d'eux. On me dira peut-
être : et les autres ministres? Des sept conseillers
de la couronne, pourquoi n'en est-il que trois
que vous veuilliez nommer? C'est qu'il en est
trois que le public ne nomme presque jamais, et
qui sont comme l'ombre du triumvirat chargé de

la proscription de nos libertés. Quant au quatrième
je l'omets par une raison toute contraire. M. Frays-
sinous est un ministre à part dans le ministère,
un évêque au milieu des laïques, c'est tout dire.
C'est le véritable précurseur du règne de la compagnie de Jésus; c'est le prophète envoyé pour
préparer les voies en rendant tortueux les droits
sentiers de l'égalité civile et de la tolérance religieuse. Aussi a-t-il été muni d'un pouvoir extraordinaire, dont il n'a usé que dans l'intérêt de sa
mission. La France, par ses soins, est couverte
d'apôtres nomades et d'asiles pieux où les for-
tunes mondaines vont, par des legs nombreux et
abondans, se purifier entre les mains des enfans
du Seigneur. Le premier, il a confessé aux deux
tribunes le nom des jésuites, d'abord avec un
embarras plein de charme et de pudeur, bientôt
avec une ferveur et une autorité toute apostolique.
En sa faveur, les formes despotiques données à
l'Université de l'empire ont été rendues à l'Université de la monarchie constitutionnelle (1). C'est
maintenant un petit état dans l'État; le grand-
maître en est le monarque, révocable, à la vérité,
mais sans contrôle légal pendant toute la durée

_____

(1) Ordonnance du 8 avril 1824 qui porte réorganisa-
tion de l'administration de l'instruction publique.

de son règne. Il exerce, sous le bon plaisir de
ceux qui l'ont élu, une autorité presque sans limites, et telle que n'en connaît aucun ministre,
que n'oserait s'en arroger à elle seule aucune des
trois branches du pouvoir souverain. Il cumule
les fonctions administratives, judiciaires et légis-
latives ; il nomme et il destitue ; il récompense et
punit ; il ordonne, il approuve, il surveille ; il
gouverne enfin l'empire qu'il a organisé, et dont
tous les sujets, peuple et notables, sont à sa
merci. Qu'on fasse quelque attention aux préro-
gatives dont il est investi, et l'on verra qu'en effet
le Grand-Maître accorde ou refuse l'institution
aux professeurs ; qu'il accorde ou refuse des di-
plômes aux chefs de pension ; qu'il révoque ou
maintient les maîtres déjà nommés, tout cela sans
aucune ombre de formes ni de jugement ; qu'il
est, en conséquence, le dispensateur suprême de
la justice et des grâces ; qu'il dispose de la propriété, et, pour ainsi dire, des personnes ; on
verra que par lui-même ou par ses agens, il commande à toute la jeunesse, lui inculque ses doctrines favorites, la dirige vers le but qu'il veut
atteindre, et la suit même hors des colléges ; que
là, il préside à ses études plus sérieuses en médecine, en droit, en facultés de mille espèces ; qu'il
assiste à son début dans une foule de carrières,

le favorise ou le contrarie, le rend facile ou lui oppose d'insurmontables obstacles, et qu'il est ainsi le législateur et l'arbitre de la génération, qui naît et grandit sous son bâton pastoral. Vers quel bercail pousse-t-il ce troupeau, l'espoir de la France? La chambre des pairs a entendu, à cet égard, les confidences et les vœux de M. d'Hermopolis. En attendant que ses vœux soient accomplis, l'Université de Napoléon, que celui-ci avait faite à son image, a été refaite à l'image du prêtre qui l'a restaurée. Sa vaste école militaire a été changée en un immense couvent, où les menues pratiques de dévotion absorbent la moitié des heures qui appartiennent au travail. On ne voulait, il y a quinze ans, former que des soldats; il semble qu'on ne veuille aujourd'hui que des lévites, et que, suivant l'expression d'un rapport célèbre, *l'universalité des citoyens soit destinée à habiter des cloîtres* (1).

Mais, Monseigneur, je m'aperçois un peu tard que, dans cette conversation épistolaire, j'ai longuement expliqué les motifs de mon silence à l'égard de M. d'Hermopolis, et je vous demanderais pardon de mon impolitesse si le personnage

(1) Rapport sur l'instruction publique fait au nom du comité de constitution, par M. Talleyrand-Périgord.

qui en est cause ne suffisait pour m'absoudre auprès de vous, aussi bien qu'auprès de MM. de
Villèle et de Corbière. Je vous connais d'ailleurs, et je suis sûr que le temps que j'ai passé à
cette conférence n'aura pas été perdu par Vos Excellences. J'en juge par la manière dont vous em-
ployez l'intervalle des sessions. La magistrature con-
trarie-t-elle vos projets ou vos affections par un arrêt sur une contestation particulière et civile? à
l'instant un conflit, étayé d'une mesure administrative, déclare non avenue une disposition éma-
née de la cour royale (1). Il ne s'agit que du Vau-
deville, mais il n'y a point de petites choses
pour les grands hommes. Tel Napoléon date un
décret sur les théâtres de son quartier-général :
c'est de quelque chapelle que M. de Corbière
aura expédié l'ordre d'ériger la *Nouveauté* en
face de la Bourse. Il est vrai que celle-ci n'est que
momentanément soustraite à une destination moins
profane. On nous fait espérer que les anciens
*mystères* y seront représentés par de *nouveaux
frères de la passion*, spectacle qu'on appellera
comme jadis le *Paradis*. Le passé nous répond
de l'avenir, et le livre des *Comédiens et du Clergé* (2)

(1) Ordonn. du 1ᵉʳ septembre 1825.
(2) Par le baron d'Hénin Cuvillers.

pourra bien nous servir un jour d'almanach des théâtres. Que devient sous nos yeux le temple de la gloire? Au moment où l'on en fera la dédicace, nos maréchaux iront faire amende honorable de leurs lauriers et de leurs titres au pied de Magdeleine repentante. Le Panthéon est depuis longtemps purifié des souillures de Rousseau et de Voltaire, et la mission reconnaissante y fait entendre, à la clarté de mille cierges, ces cantiques où elle sanctifie nos airs d'*opéra*, où elle parodie dévotement les chants révolutionnaires.

Tout à l'heure les tribunaux civils trouvaient dans l'ami de M. de Corbière un juge irrité qui par un conflit cassait leur décision; le tribunal de l'histoire est aussi l'objet de mesures préventives ou prévoyantes. En deux années, un conflit enlève aux magistrats, aux héritiers, au public les Mémoires de Cambacérès (1), et un procès menace du même sort les travaux historiques de Lemontey (2), provisoirement détenus dans les cartons bien cachetés d'un notaire. Voilà des manuscrits qui sont restés en dépôt plus de dix jours, et dont la librairie n'a plus entendu parler. Ce précédent fait mal augurer de votre loi, Monsei-

(1) Ordonnance du 24 mars 1824.
(2) Première chambre, audience du 4 août 1826.

gneur; le dépôt, comme le greffe, ressemble
beaucoup aux oubliettes de la pensée. Qui peut
espérer, après l'exemple d'un archichancelier et
d'un censeur, de sortir sain et sauf de vos mains?
Quelle imprudence ont pu commettre les plus
prudens des hommes? Leur conscience discrète
et souvent complice rendait-elle à la vérité un
hommage posthume? Cambacérès savait bien des
choses. Depuis la révolution jusqu'au Consulat,
et du Consulat à la fin des *cent jours*, où il fut
ministre de la justice, il avait reçu la confidence
volontaire ou forcée de bien des peccadilles; sa
confession historique aurait été celle d'un grand
nombre de personnes; et pénétrée de ce principe
religieux que la confession ne doit jamais être ré-
vélée, Votre Grandeur en aura fait l'application
aux mémoires où tant de contemporains pouvaient
s'accuser sans le vouloir. Mais ce pauvre Lemontey,
quelle prise offrait-il à la censure? Il est vrai que
son esprit était toujours en révolte contre son caractère : il agissait en courtisan et pensait en philosophe; la plume du premier effaçait dans les écrits
des autres des traits qui plus d'une fois se sont
reproduits sous la plume du second; témoin sa
*Monarchie de Louis XIV*, où l'on trouve plus
d'une observation aussi juste et aussi franche que
celle-ci : « Le respect fait bientôt place au dédain,

» si les peuples peuvent soupçonner que la piété
» du prince soit le jouet d'une cabale ou l'éga-
» rement d'un esprit faible. Malheureusement
» Louis XIV, plus dévot que religieux, n'eut
» point la piété d'un roi ; subjugué par des prê-
» tres, il emprunta leurs passions, qui altérèrent
» jusqu'à sa probité, la meilleure de ses qualités
» naturelles (1). » Que dites - vous, Monseigneur, de cette manière de parler du grand roi?
Où en sommes-nous, bon Dieu! si un censeur
arrive à ce degré d'insolence sous le prétexte d'être
fidèle à l'histoire? Il a sans doute expié ce crime
par un surcroît de complaisance ; des milliers de
vérités dramatiques immolées par ses ciseaux at-
testent son repentir. Mais enfin ce qui est écrit
est écrit ; et que Votre Grandeur veuille bien écouter la suite : « suivant le témoignage de Saint-
» Simon, on eut des raisons légitimes de croire
» que des vœux laïcs avaient affilié le roi à la so-
» ciété des jésuites (2). » D'après cette assertion,
qui était peut-être appuyée de témoignages nouveaux dans la seconde édition préparée par l'auteur, Votre Excellence a des raisons légitimes pour

(1) Essai sur l'établissement monarchique de Louis XIV,
p. 417.

(2) Ibid.

vouloir que l'ouvrage passe du scellé judiciaire sous
le scellé administratif. En Espagne on ferait mieux :
on exhumerait l'historien libéral sous le masque
du censeur, et on l'excluerait solennellement de
l'académie par la même sentence qui condamne-
rait ses papiers à être jetés au feu avec l'*Histoire
des Croisades*, les *Guerres de Religion* et la
*Vie de L'Hôpital*, satires évidemment dirigées
contre les Turcs, l'Evangile et la justice. Du
moins avez-vous fait ce qu'il était possible de faire
en France ; vous avez enseveli jusqu'à présent l'é-
crivain et son livre inédit dans le même tombeau ;
vous avez destitué du fruit de ses travaux littéraires
sa mémoire, que peut-être ils auraient réhabilitée ;
qu'heureusement les tribunaux protègent encore,
et que ce souvenir, après six mois d'oubli, sauvera
peut-être du conflit administratif, nouveau Styx
où les jésuites voudraient bien plonger la muse
de l'histoire. Qui sait en effet si l'éditeur des Mémoires de Dangeau et de son caustique commen-
tateur n'avait pas aussi son journal, et si par des
notes sanglantes sur l'intérieur du saint-office
dont il était membre, il ne prenait pas en secret sa revanche du rôle auquel il se con-
damnait en public ? Je crois déjà lire ces notes
autographes et anecdotiques. Quels aveux dans
cette sagacité à saisir partout des allusions mali-

4

gnes ! Quels originaux que ceux dont les plus
pâles copies étaient soustraites aux regards du
parterre ! Quelles révélations dans ces ordres qui
grossissaient chaque année l'*index* théâtral ! Et
pour ne parler que des pièces anciennes, quelle
glose différente sur la même injonction qui bannit
de la scène *les Visitandines* et *Mahomet*, *la
Mort de César* et *Figaro*, *Fénélon* et *Charles IX*,
et sur le motif même qui retarde la défense de
*Tartufe* ! Comme l'ingénieux pinceau de l'auteur
de *Raison et Folie* a fait ressortir la présence
des abus dans l'absence des épigrammes dramatiques, la vérité des mœurs dans l'insignifiance
ou le mensonge des tableaux de comédie, la dif-
formité des personnages dans l'infidélité du miroir ! Un court paragraphe me tombe sous les
yeux. « On a trouvé chez les jésuites douze cent
» cinquante bombes toutes chargées dont ces bons
» pères avaient tenu le cas fort secret. » Je m'a-
perçois que la nouvelle est de 1692, et du journal de Dangeau (1); je la croyais du journal de
Lemontey; mais n'importe; j'aime à me persuader
que celui-ci a racheté sa vie par un testament semblable ; et ce qui donne de la vraisemblance à
cette honorable supposition, c'est l'empressement

_____

(1) *Essai sur l'établ. monarch. de Louis XIV*, *p.* 72.

avec lequel on est intervenu, Monseigneur,
entre le défunt et son héritière; c'est ce scrupule
conservateur qui vous a saisi tout à coup pour des
archives (1) qui étaient plus complètes, dit-on, ou
du moins plus accessibles avant qu'elles eussent
été confiées à la garde du ministère actuel. Mais
cela même est une page de plus pour l'histoire,
qui ne se tait un instant que pour reprendre plus
tard et plus vivement la parole, qui enrégistre
comme une accusation léguée à la vengeance de
la postérité, l'arrêt par lequel le pouvoir lui impose silence.

L'histoire, la postérité! ces mots font rire Votre
Grandeur, qui a bien d'autres soucis que ceux de
l'avenir, en présence de ces dieux dont elle reçoit
la vie ministérielle, et dont la protection, en se
retirant, vous laisserait tomber dans le néant d'où
elle vous a fait sortir, Monseigneur. Car chaque
instant nous apporte quelque lumière; et les ques-

(1) Les motifs de l'ordonnance relative au duc de Cambacérès et ceux de M. Broë, dans l'affaire relative à
M. Lemontey, sont que les papiers qui étaient restés
en leur possession, appartiennent à l'état, et qu'en conséquence ils doivent être restitués aux archives; et quant
à M. Lemontey, ce ne sont pas seulement les pièces origi-
nales qu'on réclame, mais les copies de ces pièces, et
jusqu'au travail manuscrit de l'auteur.

tions que je vous adressais, dans cette lettre même, sur ce ministère dont le vôtre n'est, pour ainsi dire, que le masque, sont résolues par la voix publique. Déjà les séances secrètes de ce saint conseil se divulguent comme celles des deux chambres ; et j'aurai l'indiscrétion de vous offrir, dans ma prochaine épître, le journal détaillé des *on dit* qui circulent sur la plus récente de ces mystérieuses conférences.

# LETTRE III.

On raconte, Monseigneur, qu'il y a peu de jours Votre Excellence a été introduite, avec MM. de Corbière et de Villèle, dans le sanctuaire d'où émanent les oracles dont vous n'êtes auprès de la nation que les interprètes et les exécuteurs. L'indignation publique vous avait tous les trois un peu ébranlés, et vos traits particulièrement, M. le comte, portaient l'empreinte du dépit tout à la fois et de la frayeur. Vous étiez debout et découverts devant les sept pères qui, comme le chandelier aux sept branches, illuminent ce lieu saint; l'un d'eux, dans un langage moitié mystique, moitié humain, chercha ainsi, continue la chronique, à ranimer votre courage :

« Si je parlais à des hommes qui ne fussent guidés que par un intérêt vulgaire et personnel,

je pourrais encore faire valoir auprès d'eux des
considérations puissantes. Deux hypothèses se pré-
sentent : je commence par la plus fâcheuse. Je
suppose, ce qu'à Dieu ne plaise, qu'après avoir
miraculeusement réussi jusqu'à ce jour, qu'après
avoir en douze ans accompli l'œuvre de plusieurs siècles, et ramené la France en face des
doctrines et de l'autorité spirituelles, dont elle
avait depuis long-temps secoué le joug et perdu
jusqu'à la mémoire; je suppose que nous suc-
combions dans cette lutte glorieuse, que le Seigneur ne nous permette ni d'écraser l'infâme
déjà terrassé, ni de *perdre les méchans* (1),
comme nous en avons pris l'engagement avec
l'Eglise, ni même de rétablir solidement ces auxiliaires du saint pontife, ces *vigoureux rameurs
destinés à mettre à flot la barque de saint
Pierre* (2), qu'en résultera-t-il pour vous, Messieurs, qui nous aurez secondés dans cette noble
et pieuse entreprise? Notre chute entraînera la
vôtre; mais elle ne vous remettra pas au point
d'où vous êtes partis; votre sort sera infiniment
préférable à ce qu'il eût été sans nous; vous serez
parvenus dans nos rangs à une fortune à laquelle la

(1) *Crimes de la presse*, p. 161.
(2) Ibid., p. 40.

nature et cette opinion que vous nous faites valoir
ne vous avaient point appelés ; et chacun de vous
se consolera de sa disgrâce même et de sa renom-
mée dans quelque douce retraite, fruit de son
ancienne faveur. Je m'adresse grossièrement aux
sens grossiers ; votre âme saura se dégager de
cette enveloppe pour goûter la récompense plus
délicate destinée à ceux même qui n'ont pu qu'en-
trevoir de loin la terre promise que possédera le
peuple choisi s'il repousse toute pitié pour le peuple
Amalécite. Mais il est temps de considérer le passé
comme le présage d'un meilleur avenir, et de
nous livrer à une supposition plus digne des
grâces qui nous ont fait enchaîner le dragon révolutionnaire, plus digne de cette Eglise romaine
contre laquelle les portes de l'enfer ne prévau-
dront pas.

» Si au contraire, Messieurs, nous achevons
notre conquête ; si nous parvenons enfin à nous
délivrer de l'*oppression de la presse* (1), à détruire ce moyen de *prosélytisme satanique* (2),
à lui substituer *cet esprit public qu'une nation
qui n'est qu'un composé d'enfans doit recevoir
de ceux qui sont appelés par Dieu à la gouver-*

---

(1, 2) *Sur la liberté de la presse*, par M. de Bonald, pair
de France, 1826, p. 27 et 38.

*ner* (1); si nous sommes armés enfin de *ce droit sacré du glaive* que le cygne catholique a chanté dans une des *soirées* de sa mort (2); si le ciel, dans sa miséricorde, nous permet de prêcher sur les toits le règne, annoncé à l'oreille, de ces deux institutions à la fois religieuses et politiques, de *ces deux institutions les plus saintes, les plus salutaires, les plus glorieuses et les plus magnifiques, les jésuites et l'inquisition* (3), alors notre victoire deviendra la vôtre, et toutes vos peines seront payées au centuple; alors rejaillira sur vous-même avec abondance le bienfait de ce *droit divin* établi par vos soins, *droit éminemment naturel, nécessaire et légitime* (4).

» Vos lois actuelles, tout en nous acheminant vers de meilleures, vous protégeront déjà contre cette *foule* qui, *lorsqu'elle peut tout lire, tout écrire et tout juger, gouverne* (5). *Sa langue, pire qu'une lance* (6), sera émoussée par le timbre, qui mettra au plus haut prix la plainte séditieuse et l'orgueilleuse critique. *Les lecteurs* qui *mériteraient d'être punis* (7) seront absous, moyen-

(1, 2, 3, 4) *Des crimes de la presse* considérés comme générateurs de tous les autres, p. 11, 167, 173, 203.

(5) *Sur la liberté de la presse*, par M. de Bonald, p. 11.

(6 et 7) *Des Crimes de la presse*, p. 16, 122, 205, 15, 152.

nant une taxe, de la vaine et indocile curiosité
que satisfera un journal rédigé avec la perspective
d'une grosse amende et de la prison. Le jury,
épuré d'une indépendance factieuse et d'une
science mondaine, rendra votre *volonté puissante*
comme doit l'être celle des ministres (1); la censure des imprimeurs, des correcteurs, des libraires, des distributeurs, *complices aussi coupables que l'auteur* (2), vous garantira de la
censure usurpée par le public. Enfin le dépôt,
qui sera une véritable comparution de l'écrit prévenu devant le *conseil royal de la presse* (3),
qu'un de nous a très-bien comparé à une *chambre
ardente* (4), le dépôt étouffera tout scandale à
huis clos, et ne laissera échapper au-dehors que
l'éloge sans malice des hautes vertus nécessaires à
la considération des supériorités sociales, et la satire sans contre-vérités de vos anciens détracteurs.
Si cet expédient, qui doit suffire à tout, n'attei-
gnait pas assez sûrement les mémoires historiques,
vous connaissez l'usage du conflit, qui en les déclarant papiers de l'état, saura les dérober à tous
les yeux sous la poussière sacrée des archives.
Resteront les livres imprimés. « En attendant que

(1, 2, 3 et 4) *Des Crimes de la presse*, p. 122, 205,
25, 152.

» l'administration, *comme elle y est obligée en*
» *conscience*, interdise à certaines classes tous les
» livres dangereux de ses bibliothéques publiques;
» en attendant qu'aux termes de la Charte, et dans
» l'intérêt général, elle exige des auteurs et des
» libraires le sacrifice avec indemnité de tous les
» ouvrages dont sa tolérance a causé la publica-
» tion (1) », les éditions nouvelles seront purgées
de tout récit diffamatoire qui se produit sous
couleurs de vérité, de toute parole amère sous
le beau semblant de se rendre l'écho de la
pensée nationale. Cette législation perfection-
née, après vous avoir défendus de votre vi-
vant, vous rendra le même service après votre
mort. L'histoire, revue par un ennemi sincère
de toute insolence et de toute indiscrétion, refaite et châtiée sur le modèle de nos histoires à
l'usage des colléges, associera vos noms aux noms
glorieux de notre compagnie, et ne les pronon-
cera qu'avec respect et reconnaissance. La postérité les recevra tout resplendissans de cette auréole
qui couronne tant de ministres, de rois, de papes
canonisés pour avoir justifié les moyens par la fin,
et consacré au bien de l'Eglise le mal qu'ils avaient
fait au monde. Que de bienheureux sont dans le

(1) *Des Crimes de la presse,* p. 90.

ciel l'objet de nos hommages, qui, sur la terre, seraient comme vous en butte au blâme des juge-
mens humains! Saint Louis ne faisait-il pas per-
cer avec un fer chaud les lèvres des blasphéma-
teurs? Ne livra-t-il pas aux inquisiteurs les Albigeois réfractaires? Ce George de Cappadoce, que
des historiens hérétiques appellent un homme
odieux, un homme infâme (1), qui, à les entendre,
parvint à la tyrannie épiscopale par la fraude et la
corruption, n'est-il pas le grand saint George de
l'Angleterre, et ne serait-il pas demeuré pour elle
un héros chrétien si elle-même fût demeurée
catholique? Et dans des temps plus modernes,
Michel Le Tellier, chancelier de France, que les
Annales de l'abbé de Saint-Pierre nous représen-
tent comme un lâche et dangereux courtisan, un
calomniateur adroit, que le comte de Grammont
comparait à une fouine, mais dont le véritable
crime aux yeux des incrédules et des libertins est
d'avoir conseillé la révocation de l'édit de Nantes,
et d'avoir scellé ce *beau monument de la piété
royale* (2), Michel Le Tellier n'eut-il pas pour pa-
négyriste l'orateur le plus éloquent de son siècle?

(1) Gibbon, t. IV, p. 444.

(2) Expressions de Bossuet dans son Oraison funèbre de
Michel Le Tellier.

*Ce chancelier, auquel Dieu avait réservé l'accom-*
*plissement du grand ouvrage de la religion,* qui
*donna le dernier coup à l'hérésie,* qui *fit triompher*
*la foi* (1), n'est-il pas surnommé par Bossuet
*l'homme incomparable, la sagesse même* (2) ?
Le prélat, en célébrant le ministre *zélé pour la*
*justice,* ne prend-il pas à témoins les *saints autels*
de sa fidélité scrupuleuse dans l'éloge qu'il trace
de ce magistrat *autour duquel veillait la troupe*
*sacrée des vertus* (3) ? Accomplissez aussi, Messieurs, le grand ouvrage de la religion, faites
triompher la foi en révoquant, du moins dans ses
conséquences, l'édit dont la révolte et l'impiété
abusent; et, en dépit des sarcasmes de vos Grammont et des diffamations de vos annales philosophiques, vous serez proclamés par nos puissans et
pieux orateurs, et par les historiens de l'Eglise,
des magistrats vertueux, des ministres incompa-
rables. »

A ce discours, Monseigneur, on dit que Vos
trois Excellences relevèrent, pleine d'espérance
et de fierté, leur tête courbée quelque temps sous
le poids de l'anathème public. Leur logique fut
frappée du dilemme qui les plaçait entre une dé-
faite adoucie par de riches loisirs, et une victoire

---

(1, 2, 3) Orais. fun. de Michel Le Tellier.

prodigue d'honneurs, de puissance et même de considération. Le triple et saint exemple offert à votre dévote ambition acheva de dissiper vos craintes et vos scrupules; votre front brilla de tous les rayons de gloire et de liberté ravis à la France, et chacun de vous s'empressa de raconter ce qu'il avait fait comme un gage de ce qu'il ferait encore. « Le ministère peut ici parler avec franchise, dit M. de Villèle; certes entre mes mains la machine financière a opéré des miracles : véritable pompe aspirante, elle a fait jaillir de toutes les veines du sol les sources d'or que l'industrie et le travail y avaient multipliées, et qui vont se répandant comme une douce rosée sur vous, mes pères, sur tous vos amis, un peu sur nous et sur les nôtres. Demandez à notre illustre collègue M. d'Hermopolis combien de couvens se sont élevés, combien d'églises ont été bâties ou restaurées depuis que j'ai l'honneur d'être le grand trésorier de l'état. Le dernier milliard est, je le sais, une *chétive indemnité d'un vol* (1) ; mais les places, les faveurs, les tributs secrets adroitement perçus, les économies adroitement disimulées au budget, les propriétés foncières dégrevées, tout cela grossit la somme à la longue, et la rend moins

(1) *Des Crimes de la presse*, p. 120.

indigne des nobles mains qui se la partagent. Il
faut faire entrer aussi en ligne de compte la pé-
riodicité régulière de l'impôt législatif que paie la
nation révolutionnaire, faible taxe par laquelle ses
fureurs libérales sont loin d'être expiées. En effet,
si elle supporte avec résignation et acquitte avec
exactitude la dîme constitutionnelle, c'est par la
concession de cette épithète maudite que nous sommes contraints de la lui arracher ; et loin d'avoir le
mérite de l'usage par lequel nous sanctifions son
argent, elle nous oblige à dissimuler cette bonne
œuvre. Vous m'objecterez que je n'ai pas abordé
nettement la question de la *prétendue propriété
des journaux* (1) : je n'ignore pas qu'*en droits
criminels il n'y a point de droits acquis* (2); mais
veuillez faire attention à la difficulté des temps.
Les *moyens extrêmes* veulent être employés avec
ruse. Que n'ai-je pas tenté pour forcer les actionnaires de journaux à se dessaisir à l'amiable de
leur propriété ! Dans quels défilés n'ai-je pas
amené les rédacteurs, qui menacés de la suppression légale, avaient pour issue la générosité administrative ! Malheureusement la magistrature a
trahi nos efforts. Un peu de patience ; notre projet
de loi va porter le coup de grâce ; la loi des cinq res-

(1 et 2) *Crimes de la presse*, p. 128.

ponsables va jeter la discorde dans le camp ennemi; nul ne voudra de contre-lettres sans valeur;
la licitation devient inévitable, et la mise en vente
de ce privilége horrible de débiter *du poison au
public* (1) donnera au ministère la facilité de rentrer par un sacrifice pécuniaire dans son droit
légitime, et d'en user pour l'avantage de la société; car *dans une société bien organisée ce n'est
pas ce qu'on pense qu'on doit pouvoir dire,
mais seulement ce qu'on doit penser* (2); et qui
sait mieux ce qu'on doit pénser que le gouvernement, auquel il appartient, comme vous le disiez
il y a quelques instans, de donner à la nation, qui
n'est qu'un composé d'enfans, l'esprit qu'elle doit
avoir? »

« Pour moi, dit M. de Corbière, après avoir
remis à un plus digne l'œuvre commencée de
l'épuration universitaire, j'ai rempli avec zèle la
mission de châtier l'industrie, mère de la liberté:
Mes lenteurs affectées sont pour elle un dissolvant
actif. Quand elle veut prendre un essor audacieux,
ma main de plomb l'arrête et la glace. Dernière-
ment une légion démoniaque, sous le nom de *société commanditaire*, prenant pour piédestal un

(1) *Sur la liberté de la presse*, par M. de Bonald, p. 35.
(2) *Des crimes de la presse*, p. 143.

monceau d'or de quarante millions, criait à tous
les génies pauvres d'argent et riches d'inventions,
à toutes les têtes dans lesquelles fermentent des
idées de machines nouvelles, de perfectionnemens,
d'importations, d'établissemens à former, de ma-
nufactures à multiplier, de procédés chimiques,
physiques, économiques, philantropiques : venez à moi, je vous seconderai, je réaliserai vos
songes ; nous mettrons en mouvement des milliers de bras inoccupés, nous ferons vivre des
milliers de familles qui ne demandent que du
travail.... Halte-là ! ai-je répondu d'une voix aus-
tère; le flot industriel, poussé par la tempête révolutionnaire, a franchi ses limites; il n'ira pas
plus loin. Et devant mes impassibles refus, comme
devant un roc, le flot a reculé jusque dans son
lit, que je rends chaque jour plus étroit. Je ne vous
entretiendrai point des nombreux succès de mon
infatigable inertie, d'où je sors comme par accès
pour frapper quelques-uns de ces coups d'état qui
prouvent que je guette lorsqu'on s'imagine que je
sommeille. Je fonds alors sur ma proie; je me joue
des notabilités du commerce, et je casse les juges
de leur choix ; je destitue de ses fonctions gra-
tuites un vieillard d'une philanthropie opiniâtre;
je signale surtout ma haine profonde contre la
science et contre l'industrie littéraire; je frappe

d'une ordonnance de mort l'ancienne faculté de médecine (1), et de ses débris j'en fais une où le prix de l'expérience et du talent est au concours du zèle religieux et du dévouement politique ; je saisis les brevets de libraires, d'imprimeurs ; je ferme des cabinets de lecture ; je condamne, de mon autorité administrative, à la suppression *le Miroir* et *l'Album*, condamnés à l'amende par l'autorité judiciaire ; mais mon plus doux souvenir est celui du jour où je ruinai ce vieil arsenal des *crimes de la presse, générateurs de tous les autres crimes* (2), cette imprimerie dirigée en Alsace par un M. Heitz, et qui remonte aux premiers siècles de la typographie. Quelle joie fut la mienne de relancer, pour ainsi dire, jusqu'aux lieux où il prit naissance, le Béelzébuth de la presse! Je rêvai un instant que j'avais étouffé le monstre dans son berceau. Ce souvenir doit être présent à mon honorable ami M. le comte de Peyronnet. Je retirai le brevet de Heitz à l'occasion du récit des événemens de Colmar; et ce drame merveilleusement filé, qui se termina par la catastrophe de Caron, me rappelle une vive sortie échappée à notre cher collègue avant qu'il fût Garde-des-sceaux : « La

(1) Ordonnance du 21 janvier 1822.
(2) Titre de l'ouvrage cité ci-dessus plusieurs fois.

» provocation autorisée, s'écriait-il devant la
» cour des pairs, la provocation est un forfait
» tellement atroce que notre langue ne fournit pas
» de termes assez énergiques pour exprimer l'hor-
» reur qu'il inspire (1). » Et en articulant cette
phrase, M. de Corbière regarde malicieuse-
ment Votre Grandeur.

Votre Grandeur sourit avec grâce à cette fa-
cétie bretonne. Mon honorable collègue, dit-elle,
aurait pu encore, puisqu'il a si bonne mémoire,
extraire un fragment du discours que je pronon-
çai comme procureur général près la cour royale
de Bourges. Ce discours a une teinte de constitu-
tionnalisme pour laquelle on m'a bien fait la guerre.
Aussi à peine ministre, je ne voulus jamais per-
mettre qu'on accolât à *l'autorité du roi* l'épithète
de *constitutionnelle* (2). Elle fut effacée aux cris
de *vive le roi*. Que dites-vous, mes amis, de cet
*erratum* solennel placé au bas de la seule page
équivoque de mon histoire ? Pour moi, rien ne me
parut plus amusant, et j'en ris encore de bon cœur.
M. de Villèle et les pères firent *chorus*. M. de Corbière cita lui-même avec gaieté les discours qu'il

(1) Ces paroles sont relatées dans le Constitutionnel du
15 juillet 1822.

(2) Ch. des députés, séance du 26 janv. 1822.

avait prononcés, lorsqu'il était de la contre-opposi-
tion, en faveur de toutes les garanties, qu'il a
depuis traitées en ministre. M. de Villèle rappela
l'opinion de 1817, reproduite mot pour mot en 1822
par M. Girardin : « cette opinion parut factieuse
au côté droit ; il la croyait de l'orateur qui la lisait
à la tribune ; elle était de moi du temps que j'é-
tais simple député, ajouta le président du conseil ; je ripostai, sans perdre contenance : *rira bien,
qui rira le dernier* (1). » Le saint lieu retentit alors
d'éclats de rire. Un des révérends, tirant de dessous
sa robe une mince brochure intitulée *la loi
de justice et d'amour jugée par ses pères* (2),
mit le comble à la jubilation générale. On passa
en revue les diverses professions de foi, en les
accompagnant de leurs palinodies. L'article de
M. Ravez devint une source intarissable de
bons mots. Le président réclama le droit d'en
donner lecture ; il agita sa sonnette, et dit
d'une voix éclatante : « des ministres ambitieux
» et corrompus pourraient, sous un roi sans vo-
» lonté et avec des chambres sans énergie, enchaî-
» ner les libertés et fonder leur domination sur le

(1) Chambre des députés, séance du 12 février
1822.
(2) Cette brochure sort des presses de M Trouvé.

» honteux asservissement des droits publics (1). »

Les plaisanteries recommencèrent. « *Hic vir, hic est*, répétaient d'un ton comique Vos Excellences ; que l'ancien ami des frères Faucher aime bien la liberté de la parole et celle de la presse ! » Ce fut un feu roulant d'exclamations facétieuses. On convint que tout cela était de bonne guerre ; que la provocation au libéralisme, pour attirer les libéraux dans un piége, était une machine des plus innocentes ; qu'il était permis et même louable d'user de stratagème avec ses ennemis. Le mot de stratagème, qui sert de titre à la relation de Capilupi, fut l'objet d'une conversation à voix basse. « Autres temps, autres moyens, dirent les pères. Une conspiration ou du moins un tumulte viendrait bien à propos. Il y aurait alors du courage à enchaîner la presse séditieuse : nos amis Franchet et Delavau feraient merveille avec leurs gendarmes. Il nous faudrait des *circonstances graves :* la Charte toute entière peut être suspendue si la sûreté de l'état l'exige, en vertu de l'article 14 bien interprété ; M. de Villèle fit observer que l'impôt en souffrirait, qu'il ne fallait rien précipiter, et, puisqu'on parlait de machines, que celle dont le mécanisme leur était

(1) Chambre des députés, séance du 17 janvier 1817.

maintenant familier en est une des meilleures
pour atteindre sûrement le but. M. de Corbière
déclara que la Charte ne le gênait guère, et que
son administration marchait par les ordonnances
bien plus et surtout bien mieux que par les lois.
Enfin, Monseigneur, Votre Excellence prit la parole; et dans une harangue un peu diffuse, elle
exposa ses services, et conclut par se comparer à
Louis IX, qui aurait envié l'institution du sacrilége, et par jurer que ce ne serait pas sa faute si elle
n'était pas un jour le saint George de la France.
« Quant à Michel Le Tellier, ajouta en terminant
Votre Grandeur, mon vœu le plus ardent est
d'apposer comme lui mes sceaux sur quelque édit
qui révoque la tolérance octroyée à l'esprit philosophique et libéral; ma plus douce récompense
est dans l'espoir de me rendre aussi digne que
cet illustre chancelier de l'*Oraison funèbre* dont
je demande aux vénérables pères la permission de
rapporter quelques traits. » On assure qu'entraînée
par la beauté du style, l'abondance de sa mémoire,
le charme de son organe, la chaleur du débit
Votre Grandeur, de citations en citations, ne
s'arrêta qu'à la fin de cet admirable passage :

« Non, non, ne le croyez pas que la justice
» habite jamais dans les âmes où l'ambition do-

» mine : toute âme inquiète et ambitieuse est
» incapable de règle; l'ambition a fait trouver
» ces dangereux expédiens où, semblable à un
» sépulcre blanchi, un magistrat artificieux ne
» garde que les apparences de la justice. Ne
» parlons pas des corruptions qu'on a honte d'a-
» voir à se reprocher; parlons de la lâcheté
» et de la licence d'une justice arbitraire, qui,
» sans règle et sans maxime, se tourne au gré
» d'un ami puissant; parlons de la complai-
» sance, qui ne veut jamais ni trouver le fil, ni
» arrêter le progrès d'une procédure malicieuse.
» Que dirai-je du dangereux artifice qui fait pro-
» noncer à la justice, comme autrefois au démon,
» des oracles ambigus et captieux? Que dirai-je
» des difficultés qu'on suscite dans l'exécution,
» lorsqu'on n'a pu refuser la justice à un droit trop
» clair? La loi est déchirée, comme disait le pro-
» phète, et le jugement n'arrive jamais à sa per-
» fection. »

Votre Grandeur, un peu étonnée, ayant ici
fermé la bouche, *bravo!* s'écrièrent à la fois
MM. de Villèle et de Corbière; notre collègue a
débité cette tirade du ton majestueux qu'il avait à
la Cour des pairs lorsqu'il tonnait contre les provocateurs, ou bien à la Chambre des députés lorsqu'il

faisait éclater sur le côté gauche ces paroles mystérieuses : *Les complots seront surveillés, décon-
certés et punis* (1). L'entretien reprit le tour
jovial qu'il avait avant votre discours. Quelqu'un
prétendit que cette philippique contre les magistrats ambitieux était un sarcasme adroitement
glissé par l'orateur dans le panégyrique obligé
d'un homme qui assurément n'avait pas manqué d'ambition. — Au reste, interrompit un
autre, ces choses-là font bien ; rien ne relève
l'éloge d'un ministre qu'on nomme, autant que la
satire contre les abus en général. Un troisième
trouva que c'était une tournure morale très-ingé-
nieuse pour donner des leçons de politique à un
bon entendeur, ou que du moins celui-ci pouvait, par cette interprétation, en faire son profit,
et imiter ce qu'on lui recommande d'éviter.
Et pour expliquer son idée par un exemple, je
surpris l'année dernière, dit-il, dans une maison
respectable, un jeune homme qui lisait la comédie
du *Tartufe* ; je ne pus contenir mon indignation ;
mais ce jeune homme me répondit avec tant de
douceur et de modestie que c'était à une bonne
intention, et il me fut rendu de sa conduite un
compte si avantageux, que je ne lui infligeai au-

(1) Séance du 14 février 1822.

cunc peine. J'eus lieu de m'applaudir de n'avoir
point usé de rigueur : mon élève étudiait réellement, et aujourd'hui son maintien, ses regards,
sa voix, son langage sont un sujet d'édification
pour chacun, et promettent un sujet aussi utile
que distingué.

Ainsi, Monseigneur, peu à peu l'intimité était
devenue parfaite; chacun parlait à cœur ouvert;
le temple où vous causiez face à face avec les
dieux n'avait plus de mystères pour des initiés
parvenus après tant d'épreuves. La réserve d'ailleurs est dangereuse avec ceux qui nous ont devinés, et qui peuvent nous faire beaucoup de mal
ou nous servir jusqu'au bout. Cette réflexion détermina les pères à vous dévoiler leurs ressources
et leurs plans par une confidence qui vous engagerait sans retour en même temps qu'elle serait
propre à vous rassurer. « Il ne faut point se le
dissimuler, dirent-ils; non-seulement il est impossible, comme l'a dit un grand homme, de
gouverner un peuple qui lirait Voltaire et Rousseau (1), mais dès que le peuple peut tout lire,
c'est lui qui gouverne, selon le mot profond de
M. de Bonald (2); en d'autres termes le petit nombre

(1) Parole citée dans les *Crimes de la presse,* p. 5.
(2) Déjà cité ci-dessus, p. 55.

qui administre subit l'opinion, ou, ce qui est la
même chose, la loi du grand nombre. Posons
donc comme principe vital de la domination légitime du petit nombre, et surtout de la domination religieuse, la plus légitime de toutes, qu'*un
seul devoir* est imposé au genre humain, *le devoir
de l'obéissance* (1); ajoutons comme conséquence
nécessaire tirée par Montesquieu lui-même, que
cette *obéissance suppose l'ignorance* (2). Or
l'ignorance et la presse libre sont-elles compati-
bles? La presse entre les mains de tous est donc
jugée. *On n'obtient l'esprit et le cœur des hommes
que par l'écriture* (3). Il est donc indispensable
de s'emparer du privilége d'écrire, et pour avoir
une arme, et pour ôter les siennes à l'ennemi.
*C'est avec l'écriture qu'on fait les révolutions* (4).
Ecrivons donc seuls, puisque nous voulons faire
une révolution, par cela même que nous ne voulons point de celle qui est faite. Et pour rebâtir un
édifice durable lorsque nous aurons achevé de détruire celui qui existe encore, ayons le courage de
le reprendre par la base, de l'asseoir sur des fondemens solides. Ce fondement c'est la foi; la pierre

---

(1) Des *Crimes de la presse*, p. 13.
(2) Esprit des lois, liv. IV, ch. 3.
(3 et 4) Des *Crimes de la presse*, p. 45.

angulaire de la monarchie c'est le sacerdoce. S'ils
ne veulent être emportés par le souffle des tem-
pêtes, dit M. de La Mennais, que les gouvernemens
s'unissent étroitement à l'Eglise (1). Nous prenons
la foi pour base, et nos adversaires, qui feignent
de se moquer, savent bien que nous n'avons pas
tort. L'un d'eux a dit : *L'habitude de croire favorise l'habitude de souffrir* (2); et qui s'habitue
à souffrir perd l'esprit de révolte. Aussi le même
philosophe ajoute-t-il : *l'âme alors se fait un
devoir de la résignation ; elle tremble d'exami-
ner ses lois comme ses dogmes* (3). Ce saint trem-
blement qu'est-ce autre chose que la soumission
de cœur et de fait, sans laquelle les lois sont im-
puissantes? Cette résignation, n'est-ce pas l'obéissance sans arrière-pensée? Voici maintenant la
contre-partie ; elle vient de la même source :
« L'époque où l'esprit humain commença à dis-
» cuter les abus de l'Eglise et du clergé est celle
» où la raison sentit enfin les droits des peuples,
» et où le courage essaya de poser les premières
» bornes au despotisme... il secoua les deux jougs
» à la fois (4). »

(1) De la Religion dans ses rapports avec l'ordre politique, 2e partie, p. 259.

(2 et 3) Révolut. de l'Amérique, par Raynal.

(4) Ibid.

L'aveu de nos ennemis nous apprendrait ce que nous avons à faire si nous ne le savions pas encore. Point de gouvernement du petit nombre sans résignation ou sans obéissance passive de la part du grand nombre; point d'obéissance résignée sans ignorance; point d'ignorance sans le joug salutaire de la foi (1); point de foi profonde sans une institution sacerdotale fortement organisée. C'est de cette puissante organisation; de cette corporation toujours subsistante au milieu des individus qui passent, qu'on peut seule attendre des mesures énergiques, persévérantes, universelles, qui à la longue étouffent l'esprit frondeur et domptent la tendance générale. On objecte que le siècle est incrédule; eh bien! ce que nous avons déjà fait nous le ferons encore; nous consentirons à l'hypocrisie de toute une génération (2), dans l'espoir que la génération suivante n'ayant jamais eu devant les yeux que ce que nous voulons qu'elle voie, perdra jusqu'au souvenir de ce que ses pères ont vu. On objecte les difficultés de l'entreprise; nous avons déjà répondu par le spectacle encourageant des difficultés vaincues. Pendant la révolution, sous le Consulat,

(1) On conçoit assez qu'il est ici question de la foi entendue dans le sens des jésuites.

(2) Rapport présenté au roi en 1786 par M. de Breteuil.

sous l'Empire, au commencement de la restauration même, qui aurait cru possible ce qui est aujourd'hui une réalité? Nous avons le pouvoir occulte, il est vrai, mais senti, mais efficace; les deux glaives sont unis; c'est par le spirituel qu'on parvient à tout dans le temporel; les ambitions se courbent devant cette nécessité; le ridicule a disparu sous la multiplicité des exemples; il y a concurrence désormais là où il y avait naguère répugance. Nos maisons, désertes il y a dix ans, ne sont pas maintenant assez vastes. En province soit conviction, soit mode, l'usage établi nous est favorable et l'on n'y déroge pas impunément, ou pour sa tranquillité, ou pour sa réputation. A Paris c'est merveille de voir à genoux, un missel à la main, les hommes qui affichaient jadis la moquerie ou au moins l'indifférence. Voilà jusqu'à quel point une volonté ferme et uniforme a triomphé des volontés individuelles, isolées, qui ne vont que par saillies; ces dernières sont désarmées par les lois restrictives de la Charte et par l'influence administrative, de tout moyen de se concerter législativement; il ne leur reste pour point d'appui et de réunion que la presse; hésiterions-nous à leur enlever ce poste, à nous affranchir d'un obstacle qui, s'il ne nuisait pas dès à présent à notre autorité, entraverait à coup sûr nos desseins ultérieurs? *Délivrez-vous,*

Messieurs, *de la criaillerie*, et délivrez-nous en
même temps de la parole publique, qui est aussi
un glaive avec lequel le nôtre ne fera jamais alliance, avec lequel il ne peut subsister. Si Rome,
ainsi que l'a dit un de nos prophètes (1), ne peut
souffrir la société biblique; si elle la regarde comme
une des machines les plus puissantes qu'on ait jamais fait jouer contre le catholicisme, il est facile
de penser de quel œil elle considère les œuvres
philosophiques. Son *index* fait foi de toute la sagacité de sa politique religieuse, et doit nous servir
de règle. Si les gouvernemens avaient condamné
tous les livres qu'elle a condamnés, nous osons
dire que ceux qui, par une tolérance imprudente,
paraissent les plus innocens, seraient rangés parmi
les plus coupables, et que nous n'en serions pas
où nous en sommes. Le mal est fait, dit-on ; est-ce
une raison pour qu'il subsiste et se perpétue?
Commençons par y mettre un terme; que l'Eglise
enfin ait seule la parole, dont la philosophie a si
long-temps abusé. Celle-ci, ajoutez-vous, fera entendre sa voix du fond des bibliothèques où on la
croira muette. Patience! *Les grands faiseurs de*
*révolutions sont très-bons à suivre par les auto-*

_____

(1) M. de Maistre, Soirées de Saint-Pétersbourg, t. II,
p. 330.

*rités restauratrices;* l'un d'eux *brûla jadis les bibliothèques d'Alexandrie* (1). »

Les siècles ne rétrogradent point, a-t-on répété mille fois. Grands mots, dont l'expérience démontre la fausseté. Nous sommes séparés des prétendues lumières d'Athènes et de Rome par des siècles que l'on appelle de barbarie. La peste des lettres et des arts a été communiquée aux chrétiens par les Musulmans, qui la tenaient de la Grèce. Elle revint par l'Italie, et passa en France fort tard. C'est aujourd'hui le tour des Musulmans. Ils ont rétrogradé, comme on dit ; l'Italie est aussi en marche rétrograde. Voyez l'Espagne avant le *Grand* (2) Philippe II et depuis. Qu'est devenue cette littérature corruptrice et cette liberté turbulente? L'inquisition y a mis bon ordre. *L'inquisition existe en Chine* (3); je ne sais si, dans cette vaste contrée, les lumières reculent ; mais du moins elles n'avancent pas. Tout près de nous, chez nous, elles ont certainement reculé, ces lumières, et l'exemple est assez frappant pour être cité. Les hommes de l'Aquitaine étaient, au treizième siècle, infiniment plus civilisés que le reste

(1) *Crimes de la presse*, p. 191.
(2) Ce titre lui est donné par l'auteur des *Crimes de la presse*, p. 175.
(3) Ibid., p. 167.

de la Gaule ; ils faisaient un grand commerce avec
l'Orient; leurs villes jouissaient de la constitution
municipale..... Cette égalité politique donnait à
l'esprit des Gaulois riverains de la Méditerranée
une activité qui se déployait dans tous les genres
de culture morale. Ils avaient la littérature la plus
raffinée de toute l'Europe..... Leur idiôme littéraire était classique en Italie et en Espagne..... Ils
avaient anticipé, en quelque sorte, et peut-être
même dépassé les réformes religieuses que le
XVI° siècle vit éclore dans d'autres pays.........
L'Église catholique, alarmée, employa d'abord
les ressources de son immense organisation diplomatique..... Mais l'hérésie avait gagné jusqu'aux
prêtres des églises où devaient être fulminées ses
sentences..... Pour arrêter cette contagion intellectuelle, il ne fallait rien moins que frapper le
peuple en masse et anéantir l'ordre social, d'où
provenait son indépendance et sa civilisation.
C'est ce que le pape Innocent III entreprit dans
les premières années du XIII° siècle (1), et cette
entreprise, connue sous le nom de Croisade contre
les Albigeois, fut couronnée d'un plein succès.

(1) Hist. de la Conquête de l'Angleterre par les Nor-
mands, par A. Thierry, t. 3, p. 310 et suiv. de la première édition.

Littérature raffinée, culture morale, constitution, égalité politique, tout disparut sans laisser de vestiges : l'Aquitaine rétrograda jusqu'au point d'où elle était partie, et légua une grande leçon, souvent rappelée au concile de Trente, et qui ne doit pas être perdue pour les hommes capables d'apprécier à leur juste valeur les constitutions, la *culture* morale et la littérature raffinée.

Nous savons aussi cependant apprécier la différence des conjonctures. Pour que les libéraux fussent traités comme les Albigeois, il faudrait que l'empire sacerdotal eût repris en Europe sa vigueur et son ascendant ; il faudrait qu'il fût possible d'organiser, comme du temps d'Innocent III, un ordre de *porte-glaives ;* nous l'avons tenté dans le midi sous une autre dénomination; l'Espagne nous en dispense, puisqu'elle est toute entière, à l'exception de la caste proscrite des *negros*, croisée sous notre étendard; mais en France, il est nécessaire de modifier notre système et de reprendre la tactique qui nous a été si utile après la découverte de l'imprimerie, celle du Nouveau-Monde, et à l'époque de la réforme de Luther. C'était alors un mouvement qu'on devait croire irrésistible ; et c'est pourtant de ce point de départ que nous sommes arrivés pour établir la plus admirable puissance, pour opposer une barrière aux

idées nouvelles en Italie, en Espagne, dans l'A-
mérique méridionale, et pour réduire en France
les protestans à la condition de *paria*. Qui ne
connaît les prodiges de notre influence auprès de
Louis XIV sous le feu, pour ainsi dire, des lumières et de la littérature? Nous étions parvenus à
faire croire au roi que « tous ceux qui n'avaient
» pas été instruits par notre Compagnie étaient
» damnés, et qu'il serait damné en les fréquen-
» tant. Pour perdre quelqu'un, il nous suffisait de
» dire : Il est huguenot ou janséniste; alors, son
» affaire était faite (1).» Faut-il désespérer de nous
après un tel succès? Il n'y avait pas d'ordre insti-
tué, comme celui d'Innocent III; mais alors tous
les dragons étaient nos *porte-glaives*. Pourquoi
les gendarmes commandés par MM. Franchet et
Delavau ne remplaceraient-ils pas un jour les
dragons? Cependant ce n'est pas la seule force
que nous prétendons employer; notre plan est
mieux conçu; l'intelligence elle-même nous ser-
vira d'auxiliaire. Je veux, dit un père (car chacun
d'eux avait pris part à la conversation que je viens
de résumer), je veux que ce soit un protes-
tant qui vous apprenne tout ce que peuvent les

(1) Mém. sur la cour de Louis XIV, etc., par la duchesse d'Orléans, p. 36.

jésuites. Ceci est d'ailleurs d'une application parfaite aux circonstances actuelles; et ce développe-
pement de nos moyens et de nos vues achevera
de vous convaincre que nos espérances sont fon-
dées. J'emprunterai à un adversaire ses propres
termes, et nous ne verrons que le fond des choses.

» Cette Société se prescrivait, pour unique but
de ses travaux, de faire servir la raison elle-même
et les lumières acquises à consolider un système
ennemi de la raison et des lumières.... Façonner
la science suivant les intérêts du pouvoir ponti-
fical, et la rendre elle-même ignorante là où il
fallait qu'elle fût ignorante; produire certains objets au grand jour, en retenir d'autres dans une
profonde nuit, féconder le règne de la mémoire
et du bel esprit, en stérilisant celui de la pensée
et de la raison; former des esprits éclairés mais
soumis, n'ignorant que ce qui aurait pu nuire à
leur soumission, comme ces précieux esclaves
chez les grands de l'antiquité, qui étaient gram-
mairiens, poëtes, rhéteurs, habiles danseurs et
joueurs d'instrumens, sachant tout, hors être
libres.... : telle était la tactique d'instruction
adoptée par les jésuites..... Il convient cependant
d'observer qu'ils n'ont cru devoir se prêter à la
culture des sciences et donner quelque instruction à la jeunesse que là où les lumières ga-

gnaient du terrain sans eux, et où l'esprit général, comme en France, par exemple, s'y mon-
trait invinciblement disposé. Mais qu'ont-ils fait,
au contraire, en Espagne, en Portugal, en Autriche? Ils ont tout laissé dans l'ignorance et la
superstition (1).

» Oui, reprend le père, dans l'ignorance des fruits
de l'arbre fatal; oui, dans cette *superstition qui est
un ouvrage avancé de la religion* (2); dans l'i-
gnorance des droits de l'homme et dans la pratique
des devoirs de sujet : avec ce correctif, le protes-
tant aura donné une idée juste de la mission que
nous sommes venus accomplir. Sans doute nous
ferons encore quelques concessions à cet invincible
entêtement des Français pour l'instruction; mais
puisque *la science*, qui, *dans son principe, fut
toujours mystérieuse*, ne saurait rentrer *dans les
temples où elle était renfermée* du temps de cette
*idolâtrie que nous traitons d'absurde avec un
étonnement niais* (3), nous saurons de nouveau
la façonner de telle sorte qu'elle ne nuise point à
la soumission. Les Français auront *la liberté de
la pensée et même la liberté de la conversation*

(1) Essai sur l'esprit et l'influence de la réformation de
Luther, par Charles Villers, p. 302-304.
(2) Les Soirées de Saint-Pétersbourg, t. II, p. 264.
(3) Ibid., p. 255.

*privée* (1) ; mais la *parole prononcée, manuscrite et imprimée* (2), recevra ses justes bornes; et s'il ne nous est pas possible de faire tout ce qu'ont fait les sacerdoces qui ont vécu long-temps, si le Français, plus indocile que l'Égyptien, peut lire sans crime (3), il ne lira, du moins, quand nous serons les maîtres, que des livres faits par nous à son usage. *Les prêtres sont naturellement hommes d'État* (4), et par eux le peuple sera insensiblement détourné de la lecture de ces *publications impies et séditieuses, véritables déclarations de guerre à toute l'Europe* (5), pour être ramené vers la *démonstration de l'unique principe de vérité et de salut, de la souveraineté pontificale* (6), cette *grande unité saluée de loin* par le prophète (7) ; il sera détourné de cette imitation constitutionnelle de *l'Angleterre*, qui *n'est rien*, et ramené vers *l'Espagne*, qui *est tout dans les grandes gloires de l'homme*,

(1 et 2) Des *Crimes de la presse*, p. 44-111.

(3) De la Religion, etc., par M. Benjamin-Constant, t. II, p. 117.

(4) Soirées de Saint-Pétersbourg, t. II, p. 251.

(5) Sur la liberté de la presse, par M. de Bonald, p. 31.

(6) Titre d'une brochure mystique publiée à l'occasion du jubilé.

(7) M. de Maistre. Soirées de Saint-Pétersbourg, t. Ier, p. 171.

*dans la théologie morale, dans la justice et dans la vertu* (1); vers cette Espagne dont l'habitant *semble ne demander à Dieu que son pain quotidien, s'endort, comme les oiseaux du ciel, sur la foi de la Providence, et, s'il est paresseux, ne l'est que par dignité* (2). Allez donc, Messieurs, allez préparer la nation à cette dignité espagnole dont le clergé se trouve si bien ; allez prouver au monde que les siècles peuvent rétrograder devant les hommes vigoureux nés pour conduire et pour parquer le troupeau de l'espèce humaine : allez punir la révolte de l'orgueil en le chassant du séjour où il a porté une main téméraire sur le fruit de la science réservé à ceux qui ont reçu d'en haut l'épée flamboyante pour garder le jardin des délices. Si l'on parlait encore des promesses de la Charte, répondez hardiment que, *comme cette promesse serait une faute, le roi aura promis en vain* (3). Si l'on tâche de vous effrayer par la perspective des résistances, des troubles, dites que nous ne les craignons pas, que nous les désirons ; rappelez-vous ces paroles sublimes de l'homme qui a le mieux senti et peint

(1) Des *Crimes de la presse*, p. 134.
(2) Démonstration de la souveraineté pontificale, etc., p. 29, note.
(3) *Crimes de la presse*, p. 159.

le vouloir et le pouvoir : « Si les lois de l'Etat
» s'opposent à son salut éternel , Dieu ébranlera
» tout l'Etat pour l'affranchir de ces lois ; il met
» les âmes à ce prix (1). »

Abîme tout plutôt, c'est l'esprit de l'église.

C'est ainsi que vos collègues et vous, Monseigneur, vous traduisez les dernières paroles des
pères qui ont pris pour devise *ignem veni mittere
in terram* (2). Inspirés par eux, vous brûlez de
sauver les âmes à tout prix. Je vais de ce pas, dit
M. de Corbière, chasser du jury la tourbe des savans.—Moi, dit M. de Villèle, je jure par le fouet
qui régissait mes esclaves de Bourbon, que je met-
trai à la raison les libéraux. Ils ont trop abusé de la
politique et de la littérature; il faut en finir.—*Non
solum togá...* s'écrie Votre Grandeur. Et pour pré-
luder à leurs exploits, Vos trois Excellences signent
avant de partir la destitution de trois académiciens,
et regrettent que Casimir Delavigne soit déjà des-
tué. Cependant les bons pères, en vous serrant la
main, rient sous cape, murmurent entre eux les
mots d'instrumens et de boucs émissaires, s'en-
veloppent dans leurs robes , et laissent retomber
le voile du tabernacle.

(1) Bossuet. Oraison fun. de la duchesse d'Orléans.
(2) C'est en effet la devise de la compagnie de Jésus.

•••••••••••••••••••••••••••••••••••••••••••••••••••••••

# LETTRE IV.

————

Vous ne l'ignorez pas, Monseigneur : dans tout ce que contient ma lettre précédente la forme seule est d'invention. Cet apologue est encore de l'histoire ; cette scène de famille offre en déshabillé les héros du théâtre politique ; mais elle leur conserve, au milieu de l'abandon de leurs épanchemens, et la physionomie que chacun leur connaît, et les doctrines qu'ils professent, et les intentions qu'ils manifestent clairement par leur conduite. Que dis-je ? il n'est pas jusqu'au langage que je leur fais tenir qui ne soit véritablement leur langage. Cet entretien confidentiel n'est qu'un pastiche composé des expressions de leurs écrivains avoués. La loi si justement surnommée vandale, et qu'il suffirait de nommer jésuite, est tout entière dans les écrits de M. de Maistre et de M. de Bonald, dans ce livre d'un adepte où la presse est dénoncée comme la mère de tous les crimes, où l'inquisition est appelée une institution glorieuse et salutaire, où la propriété des journaux est contestée aux actionnaires, où l'expropriation forcée de toute la librairie est mise au rang des devoirs de conscience, où l'on invoque, naïvement, l'exemple d'Omar. Cette loi musulmane est tout entière dans la série des actes du ministère, qu'elle nous offre en corps de doctrine, et nos petits visirs semblent véritablement l'avoir calquée sur la *Charte turque* (1). Celle-ci ne tolère qu'un petit nombre de livres imprimés. Les puissances du sérail et l'uléma qui forme le clergé de l'empire ottoman se sont entendus pour circonscrire le domaine de la science, et ils y ont parfaitement réussi. Leur politique est absolument la vôtre : on ne saurait, disent-ils, gouverner avec les livres qui d'ailleurs nuiraient à la religion de l'état. L'auteur auquel j'emprunte ces détails, ajoute : *Les belles-lettres, la haute poésie et l'éloquence ne sont pas cultivées par les Turcs,* et ne seront plus cultivées par les Français si la proscription brutale qui les menace les atteint sous le nom de

(1) Voyez l'ouvrage qui porte ce titre, par M. Grassi, t. 1, p. 269.

loi. En vérité on est tout stupéfait d'un rapprochement si étrange et pourtant si naturel que la congrégation a la franchise de citer, à l'appui de la légitimité de son système , l'exemple de la Turquie (1). Les mêmes causes ont partout les mêmes effets. Uléma ou jésuites, ministres ou visirs, dès qu'ils font alliance pour asservir les peuples, procèdent d'après le même principe. Les procédés diffèrent selon le caractère des peuples et la nature des circonstances ; le principe ne change pas. Là c'est le cimeterre, le sac, le pal, la corde qui font la loi ; ici la loi, comme dit énergiquement Voltaire, est un glaive dont le plus fort coupe par morceaux le plus faible (2); et la force de quelques individus ne comprime et n'exploite la faiblesse d'une population nombreuse que par l'ignorance et l'abrutissement. C'est donc là le premier élément de la politique à Constantinople aussi bien qu'à Rome, à Paris aussi bien qu'à Madrid. Ainsi pensait le cardinal Mazarin lorsqu'il enjoignait au précepteur du duc d'Orléans de ne pas lui laisser poursuivre ses études. De quoi vous avisez-vous, lui disait-il, de faire un habile homme du frère du roi? S'il devenait plus savant que le roi, il ne sau-

(1) *Crimes de la presse*, p. 167, note.
(2) Dictionnaire philosoph., article Contradiction.

rait plus obéir aveuglément (1). Le duc d'Orléans de nos jours s'est félicité plus d'une fois de n'avoir point été élevé en cadet de monarque ; et ses fils, instruits dans nos colléges, se trouveront, en de meilleures circonstances, heureux de l'expérience de leur père. Mais les ministres n'en pensent pas moins comme le cardinal Mazarin ; à leur gré il faut être aveugle pour obéir. C'est pour cela qu'ils veulent choisir nos précepteurs, et qu'autant que possible ils font dégénérer en de vains jeux d'esprit des études dont ils redoutent la solidité. Les administrés sont traités en frères puînés par l'administration ; et quand l'administration est sacerdotale, c'est bien pis. « Comme des prêtres pervers, dit un prêtre, vertueux citoyen, sont, » proportion gardée, plus pervers que les autres » hommes, il est déplorable et non pas étonnant » qu'il se forme entre eux et les despotes des con- » fédérations impies. La cupidité, l'ambition, la » soif du pouvoir se sont assouvies par des con- » cessions mutuelles entre ceux qui dominaient » sur les âmes et ceux qui dominaient sur les corps » et sur les biens (2). » C'est en vertu d'un sem- blable complot que du temps de Guillaume-le-

(1) Mémoires de la duchesse d'Orléans, p. 87.
(2) Essai histor. sur les lib. gall. p. 547.

Conquérant, l'archevêque Lanfranc, créature de celui-ci, reçut d'un pape la mission spéciale et avouée de faire servir la religion à l'asservissement des Anglais, et *d'étouffer le peuple* vaincu, comme dit un ancien historien, *sous les embrassemens mutuels de la royauté et du sacerdoce* (1). Il en vint à bout; et de quelle manière? Laissons les violences pour ne parler que de la fraude. Il évoqua d'anciens priviléges et des actes ambigus; il établit comme axiome que la loi devait découler d'où avait découlé la foi; il fit prévaloir le dogme de l'unité absolue. Cependant la plume des clercs salariés, ou qui souhaitaient de l'être, publiait que le maître de Lanfranc, ce pieux souverain, civilisait le pays. La vérité toutefois ne fut pas entièrement étouffée : les plaintes des opprimés parvinrent jusqu'à Rome, l'autorité suprême du temps. Mais cette cour romaine était vénale. Lanfranc distribua largement l'or des Anglais dans la ville des apôtres; et toutes les difficultés furent aplanies. Le prélat de race étrangère, auquel Grégoire VII avait remis les deux verges pastorales, s'en servit pour châtier ses enfans, et lorsqu'il leur avait fait, par surprise ou par terreur, écouter patiemment

(1) Hist. de la conquête d'Anglet., par M. Thierry, 2ᵉ volume, p. 79, première édition.

ses homélies, il s'enorgueillissait de la puissance de ses discours (1).

De quelle époque, de quels hommes ai-je abrégé l'histoire? Otez les noms et décidez. Cette unité absolue qu'on nous prêche, ces lois qui doivent découler de la foi, cette civilisation qu'on vante au moment où on l'outrage par des subtilités de barbares, ces plumes salariées, cette vénalité des consciences, ces anciens priviléges, ces actes ambigus évoqués, et jusqu'à cette orgueilleuse sottise qui se pavane parce qu'on l'a écoutée avec patience, tout cela, Monseigneur, ne rappelle-t-il pas cette parole du sage : *il n'y a rien de nouveau sous le soleil?* Etouffer la liberté française sous les embrassemens mutuels de l'administration et des jésuites, voilà donc le but de la mission des Lanfranc de notre siècle. Une conspiration s'est ourdie, grâce à des concessions mutuelles dont la nation fera les frais, entre ceux qui prétendent dominer sur les âmes et ceux qui dominent sur les corps et sur les biens. C'est pour arriver à la parfaite union de ces deux glaives qui achève et sanctionne les conquêtes , qu'à tant d'efforts que j'ai déjà énumérés dans cette relation épistolaire, le ministère en ajoute tant d'autres

(1) Tout ce récit est extrait de M. Thierry.

qui me restent à parcourir. Et je ne sais s'il
ne se peint pas mieux encore dans les petites
choses que dans les grandes, sans doute parce
qu'elles vont mieux à sa *taille*. Un mot semblable,
il m'en souvient, prononcé par un orateur, vous
choqua beaucoup le jour de votre début à la tribune. Le ministère, disait cet orateur, n'est pas
de taille à gouverner selon les lois. Votre Grandeur s'exhaussant pour répondre à cette apostrophe, prononça de toute la force de sa voix cette
déclaration : « le ministère actuel ne gouvernera
» jamais que par les lois; jamais on ne pourra
» citer un acte dans lequel il se soit écarté du
» respect qu'il leur doit (1). » En effet vous
avez tenu parole, comme on sait; et afin que vos
actes fussent plus conformes aux lois, vous avez
fait des lois conformes à vos actes; vous avez refait le vêtement légal à votre taille ministérielle.
Comment vous ira-t-il ce projet que votre *Moniteur* a si bien analysé en ces termes : *inso-
lent, inepte, absurde, astucieux, tyrannique,
parjure, dérisoire* (2)? Certes s'il passe en loi,
c'est par cette loi que vous gouvernerez; on peut

(1) Séance du 23 janvier 1822.
(2) Article du 5 janvier 1827, inséré par ordre dans
tous les journaux du 6.

même dire que, par prévision, vous avez toujours gouverné légalement. La preuve s'en trouve, je le répète, dans les petites choses autant et plus que dans les grandes.

Que Plutarque, qui aime à peindre les gens par les détails, par le menu, dirait Amyot ou Courier, aurait belle chance avec notre ministère ! Comme il nous réciterait M. de Villèle, assisté des troupes de M. Franchet, manœuvrant, l'or à la main, dans les bureaux des journalistes, autour des colléges électoraux, à la porte des électeurs, des éligibles et des élus ! M. de Corbière, aidé de M. Delavau, transformant les cours publics en bercails où les auditeurs n'entrent que numérotés (1), et restent sous la surveillance de cerbères invisibles qui rendent bon compte et d'eux et du professeur; mesure délicate et généreuse auprès de celle qui régit les écoles de M. d'Hermopolis, ce grand maître auquel les maîtres sont dénoncés s'ils ne dénoncent leurs écoliers ! M. de Peyronnet interrogeant par lui-même ou par ses subordonnés les notaires tenus d'interroger et d'observer leurs clercs; accordant ou refusant à celui-ci l'autorisation d'acheter une étude, à ce-

(1) Il faut pour assister aux cours gratuits une carte délivrée par M. L.....

lui-là la permission de plaider, le tout en vertu
de l'égalité des droits politiques et civils! Les avocats déjà autorisés auprès d'une cour, sollicitent
chaque fois qu'ils veulent parler devant une autre
cour, une autorisation nouvelle : pour eux, la
limite de leur ressort judiciaire est une frontière
politique qui fait de chaque ressort particulier un
petit état où ils n'ont pas la parole à moins qu'il
ne plaise à Votre Grandeur de la leur octroyer.
C'est là que s'exerce votre pouvoir de lier et de dé-
lier les langues! Moins vaut pour une telle faveur
l'esprit que le bon esprit, et la connaissance ap-
profondie des lois que celle de vos bureaux. Témoin le célèbre jurisconsulte M. Comte, qui, n'ayant
rien à faire valoir auprès de vous sinon qu'il a fait
de la législation l'étude de toute sa vie, n'a point
trouvé grâce devant vos yeux, et n'est point inscrit
au tableau des avocats. Il est vrai qu'il vous con-
teste également à cet égard le droit de refuser ou
d'accorder; mais que vous importe le droit? Vous
avez pour vous le fait. C'est par le fait que MM. les
notaires, les avoués, les huissiers apprennent de
temps en temps que leurs charges ne sont pas des
propriétés insaisissables, et ne les mettent pas toujours à l'abri d'une destitution. Les professeurs du
Collége de France s'aperçoivent aussi parfois qu'ils
sont amovibles comme des fonctionnaires. Depuis

long-temps M. Tissot en offre l'exemple. Plus ré-
cemment, M. Lefèvre Gineau, pour avoir voté
en conscience, a été déclaré incapable de donner
des leçons à la jeunesse. Il y a une espèce d'inter-
diction plus polie : c'est celle qui conserve la place
et ne permet pas de la remplir. On ne peut pas
dire que MM. Guizot et Cousin soient privés de
leurs chaires ; mais on peut dire que ces deux
chaires sont privées de MM. Cousin et Guizot.
L'une et l'autre auraient pour titulaires Tite-Live
et Platon qu'elles ne seraient pas plus silencieuses.
Voilà comme l'université congréganiste prétend
que l'on enseigne l'histoire et la philosophie ! Et
ce n'est pas sa faute si *le Globe* donne l'hospi-
talité aux doctes exilés de l'école normale. Les
asiles que M. de Corbière souhaite aux gens
de lettres sont d'une autre sorte : un grenier et
cinquante francs par mois leur suffisent. Passe
pour un grenier, pour une prison même ; mais
M. de Corbière a mis en scène, dans la personne
de Magalon, un bon mot moins innocent. Il l'a
fait enchaîner entre deux galériens ; MM. Franchet et Delavau ont été chargés de l'expédition.
Savez-vous pourquoi ? Pour que cette parole fût
accomplie : *les libéraux sont des forçats libé-
rés.* Encore Magalon ne l'était-il pas de sitôt sans
l'intervention de M. de Châteaubriand. Un autre

forçat libéré, non pas par vous, Monseigneur, c'est
ce pauvre Chauvet, victime d'une déplorable erreur dont vous avez fait un crime en la sanction-
nant par une approbation officielle. Vous et M. de
Corbière, vous trouverez que M. de Villèle est
bienheureux : avec la meilleure volonté du monde,
il ne saurait avoir que la responsabilité morale de
ces peccadilles qui ne rentrent pas dans le ministère des finances. Mais il s'en dédommage à sa
manière : il n'a pas tenu à lui de battre monnaie
avec la fortune des rentiers ; il a du moins soute-
nu son crédit avec les caisses des receveurs-gé-
néraux, la caisse d'amortissement et le secours
des agens de change dont l'énorme privilége était
menacé de promotions nombreuses, comme la pré-
rogative de la Chambre des pairs l'est aujourd'hui
d'une irruption de moines. Une habileté qui
aurait un autre nom si elle s'exerçait sur un tapis
vert, une habileté que ne justifient pas les usages
de la Bourse n'a pas peu contribué non plus à
consoler M. de Villèle et ses amis de la disgrâce
du projet de loi sur les rentes. Il semblait d'abord
que M. de Villèle soutînt difficilement la compa-
raison avec vous. Je parie maintenant que Votre
Grandeur donnerait tous ses hauts faits pour les
succès moins éclatans de l'homme du trésor. Ce
n'est pas toutefois l'adresse qui vous manque.

7

"Que ne ferait pas avec l'amovibilité des agens de finance celui qui élude l'inamovibilité même, soit par la faveur des roulemens, soit par l'admission prématurée à la retraite sous prétexte d'infirmités ; celui qui met l'Océan entre des accusés et leurs juges, et envoie les déportés qui arrivent de la Martinique attendre au Sénégal l'issue du procès que leur avocat plaide à Paris ? C'est, dites-vous, l'affaire du ministre de la marine ; c'est aussi la vôtre, Monseigneur, puisque vous êtes ministre de la justice. Il ne s'y est pas mépris, cet infatigable défenseur des prévenus qu'on veut proscrire sans les entendre, Isambert, plus heureux cette fois dans le pourvoi de ses clients, mais aussi plus près des bancs de la police correctionnelle. Quoi qu'il en soit, la flétrissure imprimée d'avance aux infortunés dont il a fait triompher l'innocence est reportée par l'opinion publique sur les coupables que la loi n'atteint pas. Je ne sais trop si je dois ranger de tels actes dans le nombre des petites choses ; si elles sont grandes, je conviens qu'elles n'en vont pas moins bien à la taille du ministère.

Il me serait facile de multiplier ces faits épars et d'en grossir le faisceau ; celui que je présente, et que votre excellente mémoire, Monseigneur, peut augmenter à l'infini, indique suffisamment le plan général d'où partent ces mesures indivi-

duelles. Celles - ci atteignent au besoin chaque
citoyen en particulier, tandis que les grandes mesures les compriment tous. Les unes sont comme
une armée d'observation qui nous cerne ; les
autres sont comme les flèches détachées vers l'ennemi que l'on vise. La multitude des vexations
particulières qui n'attendent que le signal d'un
acte d'opposition ou d'indépendance pour faire
repentir l'imprudent armé de son seul droit , res-
semblent à ces piéges , ces chaînes , ces faux, ces
pointes de fer, ces chausse-trapes qui défendaient
les abords de la citadelle habitée par Louis XI.
Les avenues du pouvoir ne sont pas moins péril-
leuses pour quiconque s'avance, sans avoir le
mot de passe; et le ministère, non moins bigot et plus
tyrannique que ce prince, va chercher, pour les con-
traindre à l'hypocrisie ou à des complaisances hon-
teuses, ceux-là même qui ne demandent qu'à le fuir.
Louis XI n'avait entrepris que d'abaisser les grands;
le ministère a entrepris d'avilir le peuple: l'un se défendait, l'autre attaque; l'un s'agenouillait devant ses
madones, en présence de sujets superstitieux; l'autre
veut qu'une nation éclairée se prosterne devant les
idoles de la superstition jésuitique, lesquelles, à
la vérité, ne sont pas de plomb comme les images
de Louis XI. C'est pour arriver à ce noble but

que le ministère frappe les masses ou les corps
constitués de coups d'état, législativement ou par
ordonnance, et qu'il hérisse le sol français des faux
administratives et des chausse-trapes de la police.
C'est par la centralisation des pouvoirs que la
trinité ministérielle nous convertit à l'unité religieuse prédite par M. de Maistre, et prêchée par
la congrégation, qui sera elle-même le sacerdoce
visible de cette mystérieuse unité, prête à devenir
le premier dogme du gouvernement. Mais, avant
d'arriver au point où nous en sommes, combien
d'obstacles il a fallu franchir ou briser! que de
force et de ruse il a fallu déployer pour rassem-
bler de tous les points du royaume les élémens
favorables à la création mystique, ces élémens
inaperçus au milieu des opinions raisonnables et
constitutionnelles! Par quel tour, digne de la
baguette de quelque magicien, les colléges électoraux, interrogés sur le vœu national, ont-ils
répondu par des choix que la congrégation aurait
faits elle-même? Le grand magicien, dit-on, c'est
M. de Villèle. Je lui en fais mon compliment sincère aussi bien qu'à ses honorables amis. La voix
publique doit être quelque peu étonnée des sons
que lui renvoie l'écho septennal. Cependant l'honneur de cette métamorphose n'appartient pas à

M. de Villèle tout seul ; le renversement de l'ancienne barrière électorale, renversement qui a été
et qui sera suivi de bien d'autres, avait singulière-
ment élargi la brèche où, comme ce roi de Ma-
cédoine, notre ministère n'est monté à l'assaut
qu'après s'être fait précéder non de mulets chargés d'or, mais de circulaires écrites en style de
banque.

Dans ces circulaires fameuses, dont le crédit
était assuré par des signatures, au nombre desquelles, en d'autres temps, celle d'un ministre de
la justice se lirait peut-être avec surprise, Votre
Grandeur et ses collègues jouent, cartes sur table,
au jeu du système représentatif. La première règle
de ce jeu est de sacrifier son indépendance à sa
place, sa conscience à son intérêt, le vote politique qui donnera un mandataire et par suite des
lois à la nation, au vœu secret de ses passions les
moins nobles. Le gain de la partie, dans cette
lutte, officiellement provoquée entre la probité et
la peur de la misère ou celle de la police, entre un
reste de pudeur et la contagion de l'exemple venu
d'en haut, entre le désintéressement des fonctions
électorales et l'appât offert à l'avarice ou à l'ambition, le gain de la partie est adjugé publique-
ment, par les premiers magistrats de la France,

aux triomphes de la peur, de la faim, de l'ignominie, de la corruption, de l'avarice : et ces
leçons d'immoralité ont reçu des commentaires
subalternes, qui ont excité le dégoût même des
premiers auteurs ! et des mandemens ont servi
d'enveloppes à ces circulaires! Fallait-il donc que
cette plainte douloureuse et terrible, que j'ai empruntée, au commencement de cette épître, à un
ministre des autels, trouvât une si exacte application ? « La cupidité, l'ambition, la soif du
» pouvoir se sont assouvies par des concessions mu-
» tuelles entre ceux qui dominent sur les âmes et
» ceux qui dominent sur les corps et sur les biens! »
« Quel opprobre pour un empire ! dit encore un
» orateur sacré; quelle indécence pour la majesté
» du Gouvernement ! quel découragement pour
» une nation et pour les sujets habiles et vertueux
» à qui le vice enlève les grâces destinées à leurs
» talens et à leurs services ! Quel décri et quel
» avilissement pour l'autorité dans les cours
» étrangères ! et de là quel déluge de maux dans
» le peuple ! Les places occcupées par des hommes
» corrompus; les passions, toujours punies par
» le mépris, devenues la voie des honneurs; l'au-
» torité, établie pour maintenir l'ordre et la pu-
. » deur des lois, méritée par les excès qui les

» violent (1) ! » « Mais, s'écrie un troisième évêque,
» une puissance injuste et trompeuse, quelque
» prospérité qu'elle se procure par ses violences,
» creuse elle-même un précipice sous ses pieds.
» La fraude et l'inhumanité sapent peu à peu les
» plus solides fondemens de l'autorité légitime :
» on l'admire, on la craint, on tremble devant elle
» jusqu'au moment où elle n'est déjà plus ; elle
» tombe de son propre poids, et rien ne peut la
» relever, parce qu'elle a détruit de ses propres
» mains ses vrais soutiens, la bonne foi et la jus-
» tice, qui attirent l'amour et la confiance (2). »

(1) Petit carême de Massillon, *Des exemples des grands.*
(2) *Télémaque*, l. 21.

---

---

# LETTRE V.

—

Avez-vous bien entendu, Monseigneur., ces dernières paroles du précepteur d'un prince : la bonne foi et la justice sont les vrais soutiens de l'au--torité légitime ? S'étonnera-t-on encore des doléances qui vont jusqu'à cette autorité pour lui signaler le précipice que creuse sous ses pas une administration injuste et trompeuse? Vous vous rassurez dans votre triomphe. Sachez donc que « le triom- » phe qu'on remporte sur la justice finit toujours » par renverser ceux qui l'obtiennent (1). » Vous haussez les épaules à cette sentence prononcée par une femme, et vous en appelez à la force ; madame de Staël vous répondra encore : « tous » les hommes médiocres appellent volontiers les » baïonnettes à leur secours contre les argumens

(1) *Considérations sur la Révolution*, par M^me de Staël, 2^e vol. chap. 2.

» de la raison, afin d'agir par quelque chose qui
» soit aussi machine qu'eux (1). » Et pour que
ces hommes-là ne se consolent pas de leur médiocrité par la certitude d'une victoire sans ré-
sistance, l'auteur ajoute : « Il y a dans une na-
» tion une certaine masse de sentimens qu'il faut
» ménager comme une force physique (2). » Je
vous laisse à penser, Monseigneur, jusqu'à quel
point le ministère a ménagé cette masse de sentimens ; et, pour revenir avec le même écrivain à la
question électorale que j'ai abordée dans ma dernière lettre, « une représentation nationale impar-
» faite n'étant qu'un instrument de plus pour la ty-
» rannie (3), » je vous laisse encore à penser jusqu'à
quel point est parfaite la représentation issue de ces
circulaires, dignement exécutées ; jusqu'à quel
point le général Foy a eu raison de dire, avant vos
circulaires, et aurait pu le répéter après : *le double
vote étant inconstitutionnel ne peut amener
que des produits inconstitutionnels* (4). Les élections qui ont produit la chambre septennale sont
jugées, et occuperont, dans les annales du temps,
un chapitre qui demanderait la plume de Ta-
cite ou celle de Molière. Auprès du récit de ce

(1, 2 et 3) Ibid. chap. 4, 8, 5.
(4) Discours du général Foy, 2ᵉ vol. p. 7 et 8.

qui s'est passé alors, toute réflextion serait faible
aujourd'hui ; mais peut-être le simple contraste que
la morale politique a offert, dans cette circonstance,
avec la morale privée, et qu'elle offre dans beaucoup d'autres, n'est-il point indigne de l'attention
du ministre de la justice. Ces deux morales ont
donné lieu, vers l'époque dont nous parlons, à la
lettre suivante ; elle fut adressée à un employé de
préfecture par un préfet, dont cet employé était
en même temps l'homme d'affaires.

« Monsieur, je m'empresse de vous payer le tribut d'éloges qui vous est dû pour votre conduite
dans les élections, et de vous envoyer la gratifi-
cation promise. Vous avez rempli avec autant
d'habileté que de zèle vos devoirs politiques ; tous
les moyens vous ont semblé bons pour arriver au
but qui les légitime et que vous avez heureusement atteint. Homme public, je vous loue, je vous
estime, et je saisirai toutes les occasions de vous
recommander à l'autorité supérieure ; mais comme
homme privé, je me vois à regret obligé de re-
mettre mes intérêts en d'autres mains.

» Pardonnez une détermination qui est un nouvel
hommage rendu à vos talens dignes d'une plus
vaste carrière. Je vous ai vu soutenir avec tant de
calme et de fermeté la chose que vous saviez n'être
pas ; je vous ai vu retenir, sous des prétextes si

adroits, des actes qu'un autre eût délivrés, accueillir des titres suspects, en rejeter d'excellens avec des formes si honnêtes, augmenter ou diminuer si à propos des cotes de contribution, prodiguer ou refuser des cartes d'électeurs avec tant de choix et de discernement, altérer des noms et des dates par une méprise si opportune, faire des additions et des omissions si utilement involontaires, commettre des erreurs si ingénieuses, interpréter les lois avec tant de sagacité, et vos instructions avec tant de latitude ; je vous ai vu enlever un succès douteux avec tant d'audace et d'intelligence, et parvenir à la fin proposée par des voies si diverses et si certaines, que je vous ai jugé trop évidemment appelé aux affaires d'état pour vous confier plus long-temps les miennes.

» Suivez, Monsieur, au milieu de circonstances favorables, le cours de vos destinées. J'ose vous prédire une fortune brillante; déjà j'ai pour vous la promesse d'une place importante, et si mes services ont aussi leur récompense, si je suis promu à de plus hautes fonctions, croyez que je vous appuierai de tout mon crédit, et que je solliciterai en votre faveur la survivance de ma préfecture dont je vous dois les plus beaux fleurons. Mon département prospérera sous votre administration, mais pour que celle de vos biens prospère aussi, faites choix d'un administrateur qui ait toujours vécu loin des bureaux ministériels. Je vous salue cordialement. »

Il est bien heureux, vous en conviendrez, Monseigneur, que la nation ne considère pas les ministres comme ses gens d'affaires, et ne leur applique point les règles étroites de la morale privée. Qu'ils sont bien plus à l'aise dans le cercle élastique de la morale politique ! Que deviendrait l'administrateur des finances s'il lui fallait régir la vaste ferme des impôts directs et indirects avec le scrupule dont s'honorait sans doute le régisseur de l'habitation de M. Desbassins? On dira que l'argent du peuple est au peuple, que les fruits de son travail, de son industrie, de ses privations, doivent tourner au soulagement, au bien-être, à la prospérité du peuple ; que les employer, au contraire, à le rendre plus misérable, à froisser ses habitudes et ses plus généreux sentimens, à solder ses ennemis, à l'enchaîner lui-même, c'est comme si le gérant de la fortune de M. Desbassins s'était servi de cette fortune pour la détourner au profit des intérêts et des goûts particuliers de lui M. de Villèle, quelque désastreux qu'ils fussent pour le propriétaire M. Desbassins. Ce dernier, voyant un jour ses récoltes passer en des mains étrangères, sa maison envahie par des parasites, sa personne prisonnière dans son propre domicile, entrerait dans une terrible colère contre M. de Villèle, si, d'un ton flegmatique, celui-ci répondait : j'entends mieux que vous vos intérêts; ce que je fais n'a pour but que votre bien temporel et le salut de votre âme. Tout le monde, en vertu de la morale privée, prendrait fait et cause pour M. Desbassins contre M. de Villèle ; mais M. de Villèle, gérant du Trésor, s'est réfugié dans la morale politique, asile sacré; asile inviolable où aucune responsabilité légale ne saurait l'atteindre. Cet asile que je me garderai bien de comparer à ceux de l'Italie, quelque ultramontains que soient nos hommes d'état, cet asile offre aussi un refuge assuré à M. de Corbière qui, comme avocat, a cent fois plaidé en droit l'immoralité de ce qu'il se permet en fait comme ministre de l'intérieur. Certes, la ruine ou l'enlèvement d'une propriété, l'action violente ou frauduleuse qui frapperait de mort une entreprise utile, seraient des attentats en morale privée ; les tribunaux sur les conclusions de Mᵉ Corbière en robe noire, séviraient contre l'auteur de ces actes. M. le comte de Corbière, en habit brodé de ministre, range ces mesures dans la catégorie de la morale politique, et le voilà blanc comme neige, éclaboussant du haut de son car-

rosse le pauvre diable d'honnête homme. Et vous,
Monseigneur , n'embrassez-vous pas , de toute
l'étendue, de toute la vigueur de vos bras ministériels l'autel protecteur de la morale politique?
Qu'auriez-vous dit à Bordeaux sur votre siége de
président de première instance, si, au sujet d'un
mur mitoyen, un des plaideurs eût invoqué, pour
l'abattre, et même pour raser la maison voisine,
un petit article détaché de la législation féodale?
ou bien si un avocat, désespérant de sa cause,
eût improvisé une loi qui ne serait point faite après
coup, attendu qu'il en montrerait le texte manuscrit soigneusement conservé dans ses cartons?
M. le président aurait probablement répondu au
plaideur : mon ami, nous sommes sous le régime
de la Charte et du Code, et non sous le régime de
la féodalité; les droits seigneuriaux de votre terre
feraient de votre adverse partie un vilain, et les
droits constitutionnels en font votre égal; vous
serez jugé d'après les lois actuelles. Maître un tel,
aurait dit le même président à l'avocat, votre petite loi est merveilleusement trouvée pour votre
cause; mais j'ai bonne mémoire, je connais la législation sous laquelle nous avons le bonheur de
vivre, et cette loi n'est consignée nulle part, n'a
reçu aucune publicité, par conséquent n'a aucune
existence. Le Garde-des-sceaux tient un autre

langage; pour lui une *ordonnance* qui protége la police est une loi qui oblige la justice, une loi dont la première promulgation a lieu par un arrêt de condamnation; pour lui encore la législation de 1723 n'a rien de suranné après la législation de 1791 ; la plus récente affranchit l'industrie des libraires comme tout autre industrie; la plus ancienne soumet les libraires aux caprices de l'autorité et même à des peines insolites et barbares; c'est la plus ancienne qu'on fait revivre. Au temps de votre présidence, Monseigneur, si quelque citoyen effronté, actionnaire de quelqu'entreprise, fût venu déclarer que son principe à lui était le dol, qu'en conséquence il regardait comme non-avenues les contre-lettres qu'il avait souscrites à son bailleur de fonds, et s'emparait de l'argent de celui-ci, j'aime à croire que vous n'auriez pas manqué, en condamnant ce fripon à la restitution, aux frais et aux dépens, de lui adresser une vigoureuse mercuriale en faveur de la foi promise et des engagemens contractés. Ce fripon, honni par tous ceux qui respectent la morale privée, n'aurait qu'un regret maintenant, ce serait de n'être pas, au même titre, actionnaire d'un journal, afin de trouver grâce et profit devant la morale politique de son juge devenu ministre.

On a vu, Monseigneur, dans deux occasions dignes d'être rappelées ici, l'une et l'autre morale entrer en lutte, et la morale naturelle privée, publique, légale, triompher devant la justice, et pourtant succomber sous la toute-puissance de la politique. Le premier exemple est celui de cette victime de la réaction piémontaise, de Santa-Rosa, qui, réuni à l'héritier du trône, le prince de Carignan, voulait qu'on accordât le bienfait de la liberté constitutionnelle à son pays. Venu en France chercher un asile, il est allé mourir pour l'indépendance de la Grèce. Le noble banni avait franchi notre frontière à la faveur d'un passe-port emprunté. Dès qu'il a mis le pied sur le sol qu'il croit hospitalier, il se hâte de déclarer son véritable nom. Votre justice, Monseigneur, traduit ce coupable porteur d'un faux passe-port devant le tribunal correctionnel : le tribunal, vu la force majeure, le cas de légitime défense, la promptitude et la sincérité de la déclaration, acquitte le prévenu. Appel du ministère public : car un si grand crime ne saurait être impuni ; mais en appel on juge comme en instance : nouvel acquittement fondé sur les mêmes motifs. Cependant l'avare prison ne lâche point sa proie. Le détenu réclame en vain par l'intermédiaire de ses avocats sa mise en liberté. Les avocats, armés d'un arrêt, menacent respectueusement l'autorité de recourir à justice pour l'exécution de la sentence; l'autorité menace à son tour le Piémontais de l'extraduire s'il persiste à demander son élargissement. Il faut se résigner à la captivité pour se soustraire à la mort ; et quelques mois après, le captif est libre de gagner, sous escorte, un port de mer, et de s'embarquer. Le banni aborda en Angleterre, et de là , comme je l'ai dit, en Grèce où le martyre l'attendait, où les Turcs achevèrent ce que Votre Grandeur avait commencé. Le second exemple est d'une nature différente. Ce n'est point une prolongation arbitraire de détention , c'est un rapt avec violence fait à la geôle judiciaire. Ce n'est point un homme innocent que l'on traite en criminel, c'est un criminel dont on favorise l'évasion par des moyens qui répugneraient à l'innocence. Les trois généreux anglais qui ne voulurent pas rendre au bourreau la tête qui lui appartenait, selon le mot d'un ministre, expièrent cette vertueuse faute par la prison. La femme du condamné politique n'obtint elle-même qu'avec peine le pardon de son dévouement : que mériterait donc celui qui s'est dévoué au salut d'un assassin, s'il n'était absous par la morale politique ? Je voudrais seulement, par forme de concession

8

en faveur de la morale ordinaire, qu'en regard du tableau qui représente l'évasion de Lavalette, on représentât l'évasion de Ceccaldi.

A ce nom, Monseigneur, ne vous semble-t-il pas entendre encore cette apostrophe terrible, cette accusation accablante que, dans une de ces lettres, j'ai empruntée à nos débats législatifs, et qui signalait le Garde-des-sceaux comme le protecteur de l'assassinat ? Une telle imputation a trop l'air d'une calomnie, et je dois saisir le rapprochement singulier que m'offrent Santa-Rosa et Ceccaldi, tous deux porteurs de faux passe-ports, pour réparer l'omission que j'ai commise, et ne laisser planer aucun doute. Cette courte narration complétera d'ailleurs l'idée qu'on a pu se former de la morale politique, invoquée par vous précisément pour justifier le fait que je vais raconter. Un individu, condamné par contumace comme meurtrier, est saisi au moment où il allait quitter la Corse; il était muni d'un passe-port sous un nom supposé, passe-port que lui avait délivré M. le préfet (1). On le conduit à Bastia, dans la

_____

(1) Voir la réponse de M. Gilbert Boucher à M. le comte de Peyronnet. Cette réponse a pour titre : *Sur une accusation dirigée par M. le Garde-des-sceaux contre un ancien procureur-général.*

maison de justice : le préfet réclame du procureur-général près la cour criminelle la liberté du
détenu. Le procureur-général s'y refuse. La cour,
consultée par lui, déclare qu'elle n'a ni mandat, ni
mission en l'état pour statuer. Vingt jours après,
la gendarmerie pénètre dans la maison de justice,
sur la réquisition du préfet, et au mépris du
mandat qui retenait Ceccaldi sous les verrous,
elle le transporte à bord d'un bâtiment qui, dans
la nuit même, met à la voile pour Livourne, où
Ceccaldi jouit maintenant des avantages de la liberté. (1) Et tout cela, Monseigneur, s'est fait
par vos ordres ; et le procureur-général qui a
voulu maintenir l'écrou judiciaire, qui a voulu
que justice fût faite, est destitué par le ministre
de la justice, et celui-ci diffame à la tribune son
subordonné, lequel se défend par des preuves,
par des pièces authentiques, lequel demande une
réparation, et la demande en vain au chef de
la magistrature, à ce ministre si éloquent contre
la diffamation ! Quelle complication d'actes étran-
ges de la part du Garde-des-sceaux ! Quel spectacle que celui de la prolongation arbitraire de la
captivité de Santa-Rosa et de la délivrance à main

(1) Chambre des députés, séance du 22 mai 1816 ; discours de M. de La Bourdonnaye.

armée de Ceccaldi : le premier mis en prévention
pour avoir déguisé un nom honorable, et dérobé
ainsi une victime aux vengeances politiques ; le
second , pourvu par la préfecture d'un travestisse-
ment qui cache un scélérat et le soustrait à l'action des lois ! Le code pénal (1) punit les fauteurs
de ces évasions ; mais le code pénal n'atteint pas
derrière leur impénétrable égide, les hommes qui
vivent dans les hautes régions de la morale politique.

Lorsqu'on vient à songer que c'est là, que c'est
parmi les héros de cette morale politique que la
morale religieuse de notre époque va chercher ses
instrumens ; lorsqu'on voit sous sa bannière mar-
cher celui qui, en 1815, était maire de Toulouse, l'homme aux moyens extrêmes, et l'avocat
de la rigueur salutaire des cours prévôtales, ces
anciens chefs du parti qui rappelait à l'ordre
le courageux dénonciateur des massacres du
midi, qui censurait Madier de Montjau avec
la même aigreur qu'on met à repousser M. de

_____

(1) Art. 243. Si l'évasion avec bris ou violence a été
favorisée par transmission d'armes , les gardiens et con-
ducteurs qui y auront participé seront punis des travaux
forcés à perpétuité ; les autres personnes des travaux forcés à temps.

Montlosier ; lorsqu'une sainte ligue s'est for-
mée, sous une devise encore mystérieuse, entre
ceux qui appelaient crime l'évasion de Lavalette
et qui trouvent innocente l'évasion de Ceccaldi ;
on peut se demander avec quelqu'inquiétude
où l'on nous mène, et quels seront les chants
de victoire si tels sont les préludes du combat.
Où l'on nous mène ? Ne nous l'a-t-on pas dit avec
assez de franchise ? La route, à mesure que nous
avançons, nous découvre et les beautés et les
mœurs du pays. Cette terre promise, féconde en
Ceccaldi qui ne manquent ni de passe-ports ni
d'asiles, c'est la contrée qu'un membre de l'Institut
appelait *la patrie de l'assassinat* (1) ; c'est la cité
sainte dont les habitans, de l'aveu des plus res-
pectables écrivains ecclésiastiques, dit un historien (2), étaient familiarisés avec tous les crimes ;
c'est cette Italie où Machiavel écrivait : nous
avons, nous autres Italiens, cette première obli-
gation à l'Eglise et aux prêtres, d'être devenus
des impies et des scélérats (3). Et ceci, Monseigneur, nous fait faire un retour sur le système

_____

(1) Charles Villers, *Essai sur la réformation*, p. 238.
(2) Gibbon, T. IV, p. 411.
(3) Dicours sur la première déc. de Tite-Live, liv. I,
ch. 12.

dont ma troisième lettre offre les développemens sortis de la bouche même de ses auteurs, dont l'exécution se déroule dans la série des actes du ministère ; sur le système incroyable tant il est insensé, qu'un orateur qui sait aller au fond des choses vient, à l'heure même, de faire jaillir du projet de loi qui le recèle tout entier : « L'inva- » sion, dit M. Royer-Collard, n'est pas dirigée » contre la liberté de la presse seulement, mais » contre toute liberté naturelle, politique et ci- » vile, comme essentiellement nuisible et funeste. » Dans la pensée intime de la loi, il y a eu de » l'imprudence au grand jour de la création, à » laisser l'homme s'échapper libre et intelligent » au milieu de l'univers ; de là sont sortis le mal » et l'erreur. Une plus haute sagesse vient répa- » rer la faute de la Providence, restreindre sa » libéralité imprudente, et rendre à l'humanité » sagement mutilée, le service de l'élever enfin à » l'heureuse innocence des brutes (1). » Telle est en une phrase d'une énergique concision l'analyse exacte de l'évangile jésuitique dont les mystères vous étaient naguère (2) expliqués et dévoilés ; dont vous êtes un des plus ardens missionnaires,

(1) Chambre des députés, séance du 14 février 1827.
(2) Lettre 3.

Monseigneur. Cet évangile n'est pas celui des chrétiens, qui défend de cacher la lumière sous le boisseau ; c'est celui de ces sacerdoces idolâtres que M. de Maistre n'a pas la niaiserie de trouver absurdes (1), de ces sacerdoces que l'histoire nous montre cachant dans le fond des temples le flambeau de la science, constans à réunir, dans l'unique intérêt de leur existence et de leur domination, tous les développemens de la force, toutes les ressources de la ruse pour ajouter aux ténèbres qui les entourent et pour en perpétuer la durée (2). On les invoque hautement aujourd'hui ces ténèbres ; et pour les ramener et pour en être entourée, la force, comme autrefois, s'unit à la ruse. L'engourdissement des peuples de la Chine, la brutalité des Turcs sont vantés comme les bienfaits d'une institution légitime ; le délire de l'Espagne, exploité par les moines, est le comble de la sagesse ; l'Italie qui, selon Machiavel, d'accord avec les écrivains ecclésiastiques et avec les récits de tous les voyageurs, a tant d'obligations aux prêtres, l'Italie vouée par la superstition à l'impiété et à la scélératesse, est le paradis terrestre

(1) *Soirées de Saint-Pétersbourg*, t. II, p. 255.
(2) *De la religion*, etc., par M. Benjamin-Constant, t. 2, liv. 3, ch. 10.

promis aux Français qui ne toucheront plus aux
fruits de l'arbre de l'intelligence, et qui seront
ainsi élevés à l'heureuse innocence des brutes. Et
pourtant, Monseigneur, dans ces exemples même
présentés comme modèles, se trouve une double
leçon : l'une à l'usage des peuples, l'autre à l'usage
des gouvernemens. Les uns et les autres ont sous
les yeux l'image du bonheur qui les attend, les
conséquences nécessaires de la haute sagesse qui
vient réparer la faute de la Providence et restreindre son imprudente libéralité. La Turquie, l'Espagne, l'Italie en offrent à divers degrés la preuve
vivante : on n'y échappe au crime de la civilisation
et des lumières que par une stupidité féroce qui se
tourne souvent contre les maîtres qui croient avoir
muselé leurs esclaves. *Les gouvernemens qui ne
songent qu'à se faire craindre*, dit Fénélon, *et
qu'à abattre les peuples pour les rendre soumis,
sont les fléaux du genre humain ; ils sont craints
comme ils le veulent être :* voilà le beau côté de
votre système ; voici l'autre maintenant : *mais ils
sont haïs, détestés, et ils ont encore plus à
craindre des peuples que les peuples n'ont à
craindre d'eux* (1). « Quelle détestable maxime ,
» s'écrie le même écrivain, que de ne croire trou-

_____

(1) *Télémaque*, liv. 2.

» ver sa sûreté que dans l'oppression des peuples !
» *Ne les point faire instruire*, ne les point con-
» duire à la vertu, ne s'en faire jamais aimer,
» les pousser par la terreur jusqu'au désespoir,
» les mettre dans l'affreuse nécessité ou de ne
» pouvoir jamais respirer librement, ou de se-
» couer le joug de votre tyrannique domination,
» est-ce là le vrai moyen de régner sans trou-
» bles (1)? » Voilà encore le revers de la médaille
frappée à l'effigie de la puissance qui unit les deux
glaives pour *mutiler l'humanité*. Vous prétendez
que si le peuple a trop de lumières, au lieu de se
laisser gouverner, il gouverne : « tant qu'un pays
» n'a point de bonnes lois ou que *le progrès des*
» *lumières* n'y supplée point, c'est toujours entre
» les mains de la populace que réside véritable-
» ment le pouvoir (2). » C'est Voltaire qui le dit,
et l'Espagne qui le prouve. Eh bien ! répondent
vos pères, ce pouvoir de la populace espagnole,
il est notre meilleur auxiliaire; il n'agit que par
notre secrète impulsion. Soit, mais attendons la
fin; et cependant que nos ministres veuillent bien

(1) *Télémaque*, l. 12.
(2) Voltaire, *Sciences et beaux-arts aux XIIIe et XIVe
siècles*.

nous dire si dans ce pays là c'est le gouvernement
qui gouverne. « Les savans attirés à Rome par les
» Auguste, les Vespasien, les Antonin et les
» Trajan, observe un écrivain, en étaient bannis
» par les Néron, les Caligula, les Domitien et
» les Caracalla. Sous ces derniers, on chassa les
» philosophes, on proscrivit les sciences (1). » Je
ne vous demande pas, Monseigneur, à qui vaut-
il mieux ressembler, mais quels sont ceux de ces
princes qui gouvernaient réellement? Ainsi s'é-
croule, par la réplique des faits, cet échafau-
dage de sophismes en faveur de l'ignorance. On ne
l'obtient qu'à des conditions onéreuses. Elle est
désastreuse pour les nations, elle est funeste à
leurs chefs; et ceux qui ont refait l'image de Dieu
à l'image de la brute, expient ce sacrilége par
leur propre abrutissement, et se trouvent repous-
sés dans la lie de l'humanité, le jour où l'homme
recouvre l'usage de son intelligence. Ce jour s'est
levé depuis long-temps pour nous; il ne saurait
être voilé par cette tourbe d'insectes, nés de
la fermentation politique, et qui bourdonnent au-
dessus de la société. Le lion qu'ils harcèlent est
patient dans sa force; mais c'est précisément à

(1) Helvétius, *De l'Esprit*, ch. 17.

cause de cette patience que je déplorerai avec
M. Royer-Collard « cette inexplicable fatalité qui
» va ranimant sous toutes les formes des combats
» éteints, et sollicite avec une aveugle ardeur de
» nouvelles victoires et de nouvelles défaites (1); »
et j'ajouterai avec Montesquieu : « s'il y avait
» dans le monde une nation qui eût une humeur
» sociable, une ouverture de cœur, une joie dans
» la vie, *un goût, une facilité à communiquer*
» *ses pensées*, qui fût vive, agréable, enjouée,
» quelquefois imprudente, souvent indiscrète, et
» qui eût avec cela du courage, de la générosité,
» de la franchise, un certain point d'honneur, il
» ne faudrait point chercher à gêner, par des lois,
» ses manières, pour ne point gêner ses vertus (2) ».
A plus forte raison, Monseigneur, ne faudrait-il
point s'efforcer de substituer à ses vertus les vices
de l'hypocrisie et de la lâcheté ; à plus forte raison ne faudrait-il point, chez une telle nation,
proscrire les sciences, les lettres, la communica-
tion des pensées, préférer ainsi à l'exemple des
Trajan et des Antonin celui des Domitien et des
Néron ; imposer à cette indiscrétion enjouée, à

(1) Chambre des députés, séance du 14 février 1827.
(2) *Esprit des lois*, l. 19, ch. 5.

cette généreuse franchise , les sombres lois du
silence des trapistes ; remplacer ce beau ciel où la
providence semble sourire à l'homme de bien,
par le ciel d'airain du fanatisme sacerdotal.

---

# LETTRE VI.

---

Monseigneur, j'ai usé des priviléges de la forme épistolaire pour mêler les tons les plus divers, les couleurs les plus opposées; et, si l'histoire elle-même ne veut point déroger à sa dignité académique, je ne sais comment elle pourra parvenir à caractériser le ministère de l'époque actuelle. La conversation écrite, tantôt familière, tantôt grave, suivant la nature des objets et l'impression qu'ils produisent, n'a pas seulement ici l'avantage d'une plus grande vérité; elle m'a permis de préférer à l'ordre chronologique des faits leur enchaînement logique et moral; de présenter ainsi, dans un court espace, la cause et les effets, le principe et ses conséquences, soit en descendant des uns aux autres, soit en remontant des derniers aux premiers. Grâce aux libertés du genre que j'ai choisi, j'appellerai cela toiser une administration;

mais celle que nous avons parcourue de ce double
coup d'œil n'est elle-même qu'une partie, un
résultat de la restauration que treize ans bientôt
écoulés ont développée, scène par scène, comme
un vaste drame où Votre Grandeur et ses collègues, après tant d'autres, remplissent aujour-
d'hui leur rôle. Reprenons, en quelques mots
rapides, le fil de l'action pour le rattacher aux
acteurs qui occupent en ce moment le théâtre,
et, jetant un regard en arrière, arrivons, par un
aperçu des faits généraux, aux faits particuliers
qui en dérivent et se passent présentement sous
nos yeux.

Dans le cours de cette époque, qui marche
d'après les lois de sa nature, se rencontrent, pour
nous servir d'indications et de guides, une double
invasion en un an, suivie de trois ans d'occu-
pation militaire, sous la protection desquelles
triomphe l'émigration; les doctrines de celle-ci
hautement manifestées, et prouvées par ses actes
suffisamment désignés sous la date de 1815; le
pacte de l'aristocratie et du sacerdoce, maintenant rompu en partie; la Sainte-Alliance, qu'une
proclamation célèbre appele *la ligue des rois* (1);
les congrès, et par suite une sorte de gouverne-

(1) Manifeste de Louis XVIII daté de Gand.

ment unique et occulte pour l'Europe conti-
nentale, d'où est venue, surtout en France, la
perpétuelle réaction de la politique extérieure sur
la politique intérieure ; de là, pour nous, longue
privation d'existence nationale. Le *statu quo* de
l'Autriche, convaincue la première que les intérêts de tous, froissés au profit de quelques-uns,
ne sauraient se mouvoir sans reprendre leur véritable direction ; le *statu quo* devient le principe
moteur des hautes puissances qui, après avoir
vaincu par la force du principe contraire, se sont
partagé les dépouilles de la victoire, aux dépens et
des petits États et de leurs propres sujets. Cette loi
de la politique est bientôt déconcertée par les effets
de la loi divine et humaine qu'elle a méconnue. Ici
s'engage entre elles une lutte étrange. La classe
éclairée fait en Espagne une révolution, sans se-
cousse violente, en faveur du régime légal ; cette
révolution est réprouvée par cela seul que c'est une
révolution favorable à la liberté ; la France est dé-
signée, dans le secret diplomatique, pour opérer
une contre-révolution favorable au pouvoir absolu :
jusque-là elle ne comptait plus dans la balance des
cabinets ; la première fois qu'elle reprendra quelque importance, après dix ans, ce sera pour accomplir, en auxiliaire de la populace, une mission
qu'elle croira monarchique, et qui sera toute mo-

nastique. Là se déclare, avec une physionomie marquée, la nouvelle phase de l'époque. C'est celle de votre ministère, Monseigneur ; nous y reviendrons. Cependant le système de la Sainte-Alliance se développe en action par l'envahissement armé de Naples, où une insurrection pacifique est étouffée dans des flots de sang ; où la terreur étrangère, les échafauds, les horreurs raffinées que, dans sa peur, invente le despotisme, remplacent la fête populaire si gaîment improvisée, exemple contagieux dont il faut que la conquête préserve l'Italie. En même temps que celle-ci est foulée sous le pied autrichien qui écrase le Piémont, le cri de *guerre aux constitutions* s'échappe des congrès ; et le parti avec lequel est concerté ce signal y répond en France par la levée de boucliers, connue sous la dénomination malheureuse de *proposition Barthélemy*, et par le coup d'état législatif qui change des inquiétudes vagues en troubles réels, et abolit, au milieu de l'émotion générale, comprimée par les baïonnettes, la première et la seule loi organique de la Charte, la loi des élections (1). Un troisième incident complique, vers le même temps, la situation européenne. La Grèce, relevant, après des siècles, de dessous le

(1) Du 5 février 1817.

cimeterre ottoman sa tête meurtrie et sanglante, est traitée de révolutionnaire par la Sainte-Alliance, qui la livre à un ennemi féroce; mais la Sainte-Alliance, par cet outrage à la religion et à l'humanité, par ce démenti public au titre même qu'elle porte, par cette ignoble révélation de ses sentimens, excite le dégoût universel; et nous la verrons mourir de honte et de remords avec le potentat chrétien, infidèle à la cause des martyrs. Au milieu et à la faveur de ces événemens, s'en prépare un plus extraordinaire peut-être. La coalition européenne a créé, à son insu, un pouvoir dont elle est devenue l'instrument. Elle ne voulait établir que le despotisme monarchique, elle a ressucité la théocratie; elle ne voulait qu'enchaîner les peuples, elle a mis les rois sous le joug. Au sein d'une police toute politique dans son origine, est déposé un germe mystique. Celui-ci se développe à l'ombre des congrès, et enfante la secte qui cultive, pour grandir, les frayeurs des monarques; arme, sous le nom de leur cause, des milliers de bras pour le triomphe de la sienne, substitue à leurs principes de gouvernement ses propres doctrines; fait prévaloir, à l'aide du génie stationnaire de l'Autriche, le système de l'immobilité sacerdotale; à l'aide de la ferme volonté d'Alexandre pour le maintien de la paix, excite la

9

guerre contre tout ce qui fait obstacle à la domina-
nation religieuse, et se sert de la haine des rois
contre l'esprit révolutionnaire pour opérer la plus
complète révolution que puissent subir les peuples,
aussi bien que les rois, qu'elle repousse en deçà
des limites où commencent les lumières et la civilisation.

Tels sont les faits généraux qui dominent l'é-
poque. Au pied de ces grands jalons historiques
se groupent, en France, nos hommes d'état, instrumens plus ou moins adroits, plus ou moins
dociles de la diplomatie étrangère et des deux anciens *ordres* qui, près du trône, revendiquent
aussi les priviléges de leur prétendue légitimité;
instrumens brisés tour à tour dès qu'ils ne peuvent ou ne veulent plus servir; ministres qui, à
le bien prendre, n'ont formé jusqu'ici, sous des
dénominations diverses et avec un zèle toujours
croissant, qu'un même ministère; faisant à chaque
modification nominale, un sacrifice réel ou pé-
rissaient quelques libertés : ici livrant à ceux qui
avaient occupé nos places fortes quelques institutions du pays, forteresses non moins nécessaires à
son indépendance, là ouvrant aux jésuites une
porte souterraine, plus tard rompant la digue
électorale; le ministère, dont les hommes sont
usés, relaye alors, vous choisit, Monseigneur,

vous et les vôtres , et, continuant sa marche
plus rapide, porte le coup septennal à l'édit constitutionnel, creuse la plaie profonde de l'anarchie
espagnole, remet à la secte qui trouve désormais
son meilleur point d'appui en France, et des armes et les postes les plus importans; mine par la
corruption ce que la force a laissé debout; ose,
après la liberté soumise, faire violence à la
loyauté, et après avoir ainsi attenté à la pudeur
publique, se réfugie dans les ténèbres de la censure, dernière raison d'un pouvoir auquel la réplique même est interdite, honteux asile où, pour
la quatrième fois, le ministère de la restauration
est allé se cacher. Voilà où la France, grâce à
vous, était parvenue lorsque Charles X en lui
rendant le libre usage de la parole, sembla l'interroger sur sa situation. Ce premier acte royal
excita une reconnaissance aussi vive que sincère.
Quelle réponse! mais elle était mêlée de plaintes
contre les ministres ; on ne sut pas l'entendre. On
fit plus; tandis que le successeur de Louis XVIII,
en rétablissant l'article le plus vital comme le plus
populaire de la Charte, fait saluer, par des accla-
mations unanimes, l'aurore de son règne, le ministère conspire contre une liberté qui vient d'af-
fermir le trône. Il n'ose encore faire mentir la
parole royale: eh bien! il saura l'éluder et la

rendre vaine. Le conciliabule arrête qu'on achete-
ra les journaux, ou que, par des procès, on
obtiendra leur suppression. De là date contre les
feuilles périodiques cette campagne qui, après
quelques succès honteux, échoue devant la probité des rédacteurs et l'intégrité des magistrats;
et de ce double échec date le nouveau projet
d'alliance entre les ressentimens ministériels et
les doctrines jésuitiques. Après l'émancipation de
la presse, la France ministérielle, sauf cet heureux
accident, demeura donc la même ; l'état de choses
dont nous avons indiqué la progression resta organisé; il se fortifia même d'une assistance et d'une
impulsion nouvelles; l'administration, après une
halte obligée, s'attela de rechef, avec plus de vigueur et de dévouement, au char de la contre-révolution politique, devenue décidément la contre-
révolution religieuse.

Aussi cette administration qui a recueilli l'hé-
ritage de ses devancières à la condition de grossir
le trésor, est-elle la plus riche de toutes. Elle a
eu des conspirations auxquelles nulle autre ne
saurait être comparée; ses greffes et ses geôles ont
été visités par la meilleure compagnie; elle n'a
reculé dans ses poursuites ou ses destitutions,
devant aucun service, aucun talent, aucun nom
honorable. Si elle a parfois dédaigné l'exception

légale, c'était pour l'exercer de fait plus largement; si elle n'a pas toujours tranché les difficultés, c'est que l'or les dénouait avec plus de succès. C'est elle qui bravant tout respect humain a mis en évidence ces ressorts honteux que l'autorité du moins n'avouait pas; par elle la domesticité administrative mise en livrée est descendue à des complaisances qui lui ont valu en même temps les récompenses et les railleries de ses maîtres. En présence de cette longue prospérité, une classe d'hommes jusqu'alors indécise et flottante, désespérant de la vertu, s'est abandonnée au matérialisme politique, a résumé des sentimens autrefois meilleurs en égoïsme, et s'est laissé tomber dans le plateau de la balance où pèse le plus fort. L'administration actuelle a poussé pour les autres jusqu'à ses conséquences extrêmes le principe *du zèle et du dévouement* qui était son titre unique au pouvoir, principe avec lequel la période historique qui suit son cours a eu le malheur de commencer. Dès son début, en effet, le ministère de la restauration s'étant placé hors des intérêts généraux et des idées du siècle, fut obligé de chercher son appui dans les intérêts du privilége et les doctrines de l'ancien régime; mais ces doctrines et ces intérêts n'étant pas constitués, et ne ralliant que quelques individus, il fallut recruter des ouvriers pour la reconstruction de l'édifice gothique. Un appel fut fait à tout ce qui avait du zèle et du dévouement, c'est-à-dire à tout ce qui avait ou de la conviction réelle, chose rare en un tel sujet, ou, ce qui est plus commun, de l'ambition, de l'intrigue, de l'avarice, de la souplesse, de l'activité, de l'audace, un grand fonds d'indifférence pour la fin qu'on se proposait, et une foi entière dans la divinité qui paie. L'appel fut entendu : il est plus facile d'avoir ou de feindre du zèle que d'avoir du talent et de la probité; l'administration fut peuplée de gens dévoués à eux-mêmes sous le masque du dévouement à une cause qui avait besoin d'eux. Cependant de vrais amis de la patrie, espérant des temps meilleurs, s'étaient glissés dans la cohue des amis de la fortune; on épura : le zèle devint de la ferveur; l'administration se remplit de serviteurs ardens qui ne s'oublièrent pas dans le service du maître. Sa tendance toujours plus funeste laisse en arrière quelques-uns de ces serviteurs; on épure encore : le dévouement va jusqu'au fanatisme, c'est-à-dire que l'hypocrisie, plus que jamais à l'ordre du jour, prend un caractère de violence. L'administration se confondant avec la police reçoit en foule dans ses rangs des Séides et des fripons déguisés, dont plusieurs même ont fait une transition fort brusque des faveurs du pouvoir ministériel aux rigueurs du pouvoir judiciaire. Le système du zèle et du dévouement absolus a rendu très-curieux à consulter, pour la parfaite connaissance de l'histoire contemporaine, les écrous des tribunaux correctionnels et des cours d'assises, abstraction faite des délits politiques. Certes, il est loin de ma pensée de prétendre qu'il y ait eu dans l'administration absence complète d'honnêtes gens; sans parler de la foule des êtres passifs, véritables plumes vivantes, plus d'une probité active s'est fait illusion; mais à chaque excès nouveau quelques-unes se sont retirées; c'est encore une partie intéressante des annales du temps que la liste, chaque année plus nombreuse, des personnes honorables qui ont quitté les rangs du ministère en confessant qu'on les avait indignement trompées; ces personnes ont été aussitôt remplacées par des hommes d'un dévouement plus robuste; et d'épurations en épurations, d'excès en excès, les plus anciens amis dont la patiente fidélité était comme un point d'honneur ont fini par briguer une disgrâce afin que leur conscience fût libre d'éclater; et nous sommes arrivés à cette dernière conséquence du zèle purement passif, que l'administration, à la tête de sa petite phalange soldée, est demeurée seule en face de toute la nation.

Tel est le sommaire des résultats auxquels on est parvenu sans doute au milieu d'événemens qui, dans leurs détails, n'ont pas suivi une marche uniforme : car en mal comme en bien, les choses ne vont jamais avec un ensemble parfait. L'époque seule, avec des flux et reflux, accomplit son cours. Cela est vrai surtout quand on contrarie la direction du siècle ; on hésite, on tâtonne, on cède parfois, et lors même qu'on domine enfin les résistances, et qu'on franchit avec plus d'assurance les difficultés, le fond n'étant pas essentiellement changé, toujours il s'échappe et surgit quelques contradictions, quelques obstacles imprévus qui exigent une lutte nouvelle. Aussi, en ce moment même, sous le flot apparent qui remonte vers sa source, le fleuve ralentit, suspend ou détourne, mais il n'intervertit pas son cours naturel. Ce fleuve, c'est le gros du pays ; c'est la masse populaire où tout revient un jour se fondre et se retremper. Vous y reviendrez vous même, Monseigneur, avec tant d'autres, après une disgrâce. Jusque-là vous demeurerez en face de la France véritable, avec la France du ministère ; et quelle que soit, dans son étroite enceinte, la puissante organisation de cette France ministérielle ; mettre les deux nations en parallèle, c'est placer à côté de nos maux, nos ressources et nos espérances ; mais

qui pourrait dire quand et comment celles-ci pré-
vaudront? Mille combinaisons sont possibles. Nos
sociétés modernes sont tellement compliquées, et
se compliquent entre elles par tant de rapports nouveaux qui embrasseront bientôt l'une et l'autre hé-
misphère, que les conséquences les plus inévitables
peuvent subir des chances presque infinies, et revêtir les formes les plus inattendues. Que la responsabilité en pèse sur les ministres qui président à
nos destinées! Pour nous, il nous suffit de savoir
que le monde politique a aussi ses élémens et ses
lois, dont l'effet, plus ou moins tardif, est toujours conforme à leur nature; il nous suffit d'être
instruits par l'histoire, que l'instinct populaire, les
besoins matériels, les forces morales une fois par-
venues dans un pays, à ce degré où ils se rencontrent et s'unissent, tout s'aplanit devant eux. C'est
alors que s'opère la transaction définitive des doctrines diverses et des prétentions contraires, des
choses et des hommes. Heureux le mortel qui atta-
chera sa puissance et son nom à l'accomplissement
de ce grand œuvre! Nous ne mentirons point sans
doute à la règle commune; une double expérience
produira chez nous un double bien; les masses populaires ont déjà senti qu'elles ne sauraient gouverner par elles-mêmes; une administration viendra qui,
à son tour, saura comprendre qu'elle ne doit, qu'elle

ne peut gouverner que pour la nation. Dès que celle-ci exercera des droits réels, possédera des garanties vivantes; dès que la première, à ces conditions franchement exécutées, sera investie de la sanction générale, et prendra l'intérêt du grand nombre pour base de son autorité, les factions auront perdu leur point d'appui, les passions leur plus dangereux aliment, le drame affligeant dont la France est le théâtre sera dénoué, et le petit mouvement de cette époque de transition ira se perdre et s'abîmer dans l'éternel mouvement des âges.

## LETTRE VII.

Hélas ! Monseigneur, le consolant avenir dont le tableau vient de nous reposer un instant ne fait que mieux ressortir ce que notre situation a de faux et de pénible. La France et le ministère subissent en ce moment les conséquences extrêmes, comme je l'ai dit, du principe déplorable qui a dominé la politique de la restauration, de ce principe qui, redoublant d'énergie à mesure qu'il approche du but, exige des hommes de l'autorité une soumission de plus en plus aveugle, une abnégation entière de leurs sentimens et de leur conscience, principe incompatible avec la loyauté, et finalement avec la capacité. A leur place, une nuée de gens avides d'intrigues et de butin, nuée qui se forme dans les pays de vieille civilisation, et se grossit dans les temps d'orages, a surgi des basses régions de la société pour en occuper et en

obscurcir les hauteurs. Alors cette poignée de
sectaires, que nous avons vue poindre à la suite
d'une commotion européenne, grandir dans ces
conspirations diplomatiques qu'on nomme congrès,
cette poignée de sectaires que l'étranger plus habile a peut-être jetés chez nous comme un fer-
ment de discorde bien propre à tenir la France
dans l'humiliation ; cette coalition de rancunes
monacales contre l'intelligence humaine, qui supplée au nombre par l'ardeur, à l'esprit par l'opiniâtreté et une sorte de mauvais génie, à la force
réelle par le secret de ses forces factices et le choix
de sa position, a mis en mouvement tous ces élémens de corruption rassemblés autour d'elle, leur
a donné pour auxiliaires les préjugés, l'ignorance,
la peur, et s'appuyant sur l'autel et sur le trône, a
constitué sous un nom sacré sa puissance politique qui déjà touche à la puissance civile, et qui, un
pied à Rome, une main vers le ciel, prétend tout
ce qu'on peut prétendre au nom du pape et de
Dieu. « Car les raisonnemens des prêtres, pour
» justifier la cumulation de tant de pouvoir, fu-
» rent les mêmes chez tous les peuples. L'espèce
» humaine n'est sur la terre que pour accomplir la
» volonté des Dieux. Toutes les actions des indivi-
» dus ont un rapport plus ou moins direct avec
» cette volonté : les prêtres la connaissent et la

» font connaître.... Quelles sont, dans le système
» sacerdotal, les organisations politiques? Des
» moyens d'assurer l'accomplissement de la
» volonté divine, unique but du monde. Que
» sont les chefs des sociétés? Les dépositaires
» d'une autorité subordonnée qui n'a droit à l'o-
» béissance que parce qu'elle obéit elle-même à
» l'autorité qui l'a fondée. Quel est enfin l'organe
» naturel de cette autorité seule légitime? Le sa-
» cerdoce (1). »

Et que vos scrupules religieux, Monseigneur,
ne soient point blessés d'un rapprochement entre
les prêtres païens et les jésuites : ce rapprochement, ceux-ci le font eux-mêmes (2) ; et l'on dirait, à leur vénération pour ces autorités de l'an-
tique idolâtrie et à la similitude des doctrines, que
les âmes du sacerdoce égyptien, évoquées du
tombeau des pyramides éternelles, après avoir tra-
versé les forêts des Druides, sont venues animer
la mystérieuse corporation qui veut rendre au
genre humain ses langes et le baillon sacerdotal.
Il y a jusque dans sa conduite envers les Hellènes,
comme un long ressentiment contre ces Grecs des

_____

(1) De la Religion, etc., par M. Benjamin Constant,
t. 2, liv. 3, ch. 10 : liv. 4, ch. 12.

(2) Voir troisième lettre. *Crimes de la presse ;* de Maistre, etc.

temps reculés qui, seuls dans le monde, ont
promptement repoussé le joug qu'une caste ambitieuse leur apportait d'Egypte au nom du ciel,
et qui avant, et plus que tous les autres aussi, cul-
tivèrent, perfectionnèrent les arts, les lettres,
connurent les bienfaits de la civilisation, et ne les
perdirent, du moins, qu'après les avoir répandus
dans cette Europe qui paierait sa dette avec usure,
si la caste égyptienne, d'accord avec la diplomatie stationnaire, ne comprimait son généreux
élan.

Voilà, Monseigneur, le complot que les ministres passés, soit imprévoyance, faiblesse ou
connivence, n'ont que trop favorisé, que les ministres présens ont été appelés à servir au moment
où leurs prédécesseurs, fatigués de servilité et
d'absurdité, laissèrent tomber ce fardeau peu noble que reçurent des épaules plus endurcies. Ce fut
alors que vous et vos deux collègues vous formâ-
tes le triumvirat qui semble n'avoir considéré la
Charte de nos droits que comme une table de proscription ; qui a chassé le peuple de la cité pour en
livrer aux siens tous les priviléges ; qui a donné
pour solution au problème constitutionnel l'omni-
potence de la faction la plus hostile aux constitutions ; qui, sur les débris des libertés anciennes et
des nouvelles institutions, n'a élevé que le simu-

lacre dispendieux du gouvernement représentatif;
qui, exagérant sans mesure le système abusif de
la centralisation, n'a fait, en dernière analyse, de
l'être collectif qu'on appelle administration, qu'une
sorte de mécanisme animé, machine à ressorts,
à rouages, et on pourrait dire à manivelle, que
tourne la médiocrité aussi bien que le talent, que
peut faire mouvoir une main invisible, étrangère,
ennemie; instrument terrible que nous avons vu
à la disposition d'un génie ambitieux, et qui est
échu à ces petits Bonaparte dont les coups de tête
deviennent des coups d'état. Sous leur empire,
voile transparent et profane d'un empire sacré,
les armes d'Achille, maniées par quelques Ther-
sites, et tournées par eux contre nous, ont rendu
la risée de l'Europe, ont réduit à l'impuissance de
défendre quelques villages, cette France naguère
héroïque, maintenant cette pauvre France, sur le
sol nivelé de laquelle roule la machine administrative, heurtant toute idée et toute raison en
aveugle, froissant l'habitant le plus obscur comme
le citoyen le plus distingué, écrasant le lendemain
ceux qui, la veille, aidaient à la lancer; cette
France glorieuse qu'on a vaincue avec sa gloire
même, qu'on achève d'humilier avec les moyens
que l'on doit à son industrie et à sa civilisation;
cette France colossale abattue, non sans peine,

par le choc des nations réunies, et soudain enve-
loppée par des nains dans le réseau d'un million de
fils inaperçus dont la trame s'étend, dont les
nœuds se serrent à mesure que les vainqueurs sont
plus disproportionnés avec la nation qu'ils tien-
nent en captivité. Encore quelques liens comme
ceux qu'on lui prépare sous le nom ingénu de police de la presse, et sous le nom menteur de per-
fectionnement du jury, de ce jury qu'on repousse,
dès que la Chambre des Pairs le perfectionne réellement, qu'on nous ôtait en 1822 pour nous livrer aux *services* des cours royales, qu'on veut
nous redonner en 1827, parce que les cours royales ont rendu des *arrêts ;* mais nous redonner
avec toute la perfection du jury anglais dans
les beaux jours de Jeffreys, Monseigneur ; encore quelques liens semblables bien tissus avec
ceux dont nous garrottent les manœuvres en
élections, les improvisateurs d'ordonnances,
les argus de toutes les préfectures, les dispen-
sateurs de toutes les places, les collecteurs d'impôts, les provocateurs de paroles et d'actions
séditieuses ou irréligieuses, les inventeurs de sacriléges ; et la masse sociale enchaînée comme
un seul homme réalisera le vœu d'un despote en
délire ; elle n'offrira au glaive spirituel qu'une tête
qu'on ne pourra point couper, il est vrai, mais

qu'on pourra mutiler au gré du sacerdoce qui, fidèle aux traditions de l'idolâtrie et au dogme de M. de Maistre, a placé le bourreau sur les marches de l'autel.

Monseigneur, vous étiez déjà vous-même dans le parvis du temple lorsque vous donnâtes ce gage de votre religieuse ferveur, et promîtes ainsi, au milieu des hymnes d'une pieuse joie, ce que vous n'avez cessé de tenir; ce n'est pas votre faute si le fer sacré est émoussé par une pairie timide, et si la raison publique rend les holocaustes rares. Ils se multiplieront lorsque la presse aura cessé de prêcher la tolérance évangélique; cette presse criminelle qui conjure les ouvriers de ne former aucun rassemblement tumultueux, et qui oppose ainsi un obstacle sacrilége aux *immolations*. Ah ! si la congrégation est forcée à les ajourner en France, qu'elle s'en dédommage bien en Espagne, et que notre ministère s'est montré digne de sa protectrice dans cette occasion importante ! Notre armée, grâce à lui, a fait une guerre qui, certes, n'a rien de commun avec les guerres de la révolution et celles de l'empire. Je ne lui fais point un reproche d'avoir dépensé plus d'or que de plomb. Ce n'est pas sa faute si la consigne lui venait du ministre des finances, et lui était transmise par M. Ouvrard, qui, depuis, a expié sa gloire sans

ternir celle de l'administration. D'ailleurs, cet or
n'a passé qu'en partie au delà des Pyrénées ; il
en est resté ou rentré beaucoup en deçà. Mais la
paix a bien repris sa revanche de la guerre ; et si
la victoire a coûté peu d'hommes, ses suites ont
été sanglantes. Nos soldats, peu accoutumés à de
telles expéditions, ont dû être étonnés de n'avoir,
en vrais garde-chasses politiques, que rabattu le
gibier pour les menus plaisirs des moines armés
de carabines ; ou, pour parler un langage plus conforme au sujet, ils doivent s'étonner encore d'une
mission qui, après les avoir obligés à lier les
victimes pour le sacrifice, les condamne à surveil-
ler l'exécution ; qui, après leur avoir offert pour
trophée la délivrance d'un roi, ne leur montre
que le spectacle hideux de la vengeance et du
fanatisme déchaînés. « Le pouvoir légitime
» servant lui-même d'instrument pour renver-
» ser tous les droits et toutes les libertés lé-
» gales, toutes les classes de la population bou-
» leversées par le mouvement révolutionnaire, un
» royaume livré à tous les genres de convulsions
» et de désordre, la guerre civile consumant les
» dernières ressources de l'Etat : tel est le tableau
» que nous offre la situation actuelle de l'Espagne.
» Si jamais il s'est élevé du sein de la civilisation
» une puissance ennemie des principes conser-

» vateurs, c'est l'Espagne dans sa désorganisation
» présente (1). »

C'est en ces termes, Monseigneur, que s'expri-
maient les monarques réunis au congrès de Vérone,
les monarques qui ne pouvaient *contempler avec*
*indifférence tant de maux accumulés sur un*
*pays*, et qui nous ont chargés de lui faire tout le
bien dont nous sommes témoins? Aussi leur sen-
sibilité a paru satisfaite; elle a contemplé avec
douceur le pouvoir légitime proclamant tous les
droits et toutes les libertés légales, mettant un
terme à la guerre civile, rétablissant l'ordre, les
finances, et montrant avec orgueil à l'Europe,
l'Espagne réorganisée, amie des principes conser-
vateurs, et toute brillante de civilisation. Les monarques ont bien fait voir que, s'ils contemplaient
d'un œil sec les horreurs de la Grèce, ce n'était
point par indifférence, et qu'ils sont tout prêts à
lui procurer le bonheur de l'Espagne. Quelle tou-
chante idée cette leçon donne aux peuples de la
religion et de l'humanité des congrès ! Que l'Espagne des cortès et l'Espagne des moines est un
double et grand exemple, qui doit plus que jamais
nous faire adorer la politique des cabinets euro-
péens, cette politique qui a maintenant à Paris

(1) Circulaire du congrès de Vérone, en date du
14 décembre 1822.

son foyer principal ! Vérone, Monseigneur, doit
être marquée en lettres d'or dans vos parchemins.
C'est pour Vérone et l'exécution de son manifeste
que le ministère actuel a été conçu dans la pensée de la congrégation; c'était pour le dévouement
la pierre de touche la plus délicate; l'épreuve a
réussi. C'est de là, c'est de votre ministère que
date la marche rapide qu'ont suivie les affaires de
France. Il s'agissait de se prononcer pour ou
contre l'esprit constitutionnel qui remuait le midi
de l'Europe. Il semblait que la France, constitutionnelle elle-même, dût être l'alliée ou du moins
la spectatrice paisible du mouvement qui donnait
des chartes à ses voisins. Une admirable occasion de reprendre son ascendant s'offrait à elle.
Le rôle de médiatrice, sinon de protectrice, la
replaçait, au milieu de la reconnaissance des peuples, au rang des premières puissances. La paix
réparait enfin les torts de la guerre; les injustices
et les précautions humiliantes de la victoire étaient
compensées, en l'absence d'une restitution terri-
toriale, par une confédération morale d'intérêts,
d'institutions et de vœux. Une telle position, inopinément donnée par les circonstances, n'était pas
facile à perdre. Peu de ministres auraient voulu
sacrifier, du moins, les chances de l'expectative
et du simple repos. On a trouvé votre ministère,

Monseigneur, et des centaines de millions ont été
dépensés, afin que le levier des idées nouvelles,
des intérêts populaires passât aux mains de la
Grande - Bretagne ; afin que le commerce de
l'Amérique méridionale fût exploité par la Grande-
Bretagne ; afin que tous les mécontens s'enrô-
lassent volontairement sous les drapeaux anglais;
afin que la France tombât au point d'être persi-
flée, dans la personne de ses ministres, par une
puissance rivale; qu'elle vît trancher, à la manière
de Brennus, par la gendarmerie prussienne, une
question de frontière; qu'elle fût insultée chez
elle, dans la personne de ses maréchaux, par cette
Autriche qui l'avait lancée sur l'Espagne. On a
trouvé votre ministère, Monseigneur; et la circulaire de Vérone a eu, dans vos circulaires électorales, comme sa petite monnaie, qui a mis chez nous
en circulation les richesses du pouvoir absolu, son
humanité pour les peuples, sa tendresse pour
l'ordre légal, pour la civilisation, sa morale religieuse, et toutes les doctrines que la septenna-
lité fait prospérer en France. La *censure*, telle
qu'on nous l'a donnée lorsque les facultés intel-
lectuelles de Louis XVIII s'étaient affaiblies, la
censure qu'on tient toujours en réserve, est encore un fruit apporté de Vérone et mûri dans les
mêmes lieux d'où est sortie la police de la presse.

Par le court essai que nous avons fait de l'une,
nous pouvons juger de l'autre; par l'esprit dans
lequel elle a été exercée, nous pouvons juger de
l'esprit qui doit présider à l'exécution du projet
nouveau. La censure, vu les considérans de votre
ordonnance, est pour le chef de la magistrature
un titre de gloire que je ne saurais passer sous silence; elle est pour nous, de la part de la faction
qui se dissimule au moment de se demasquer
tout-à-fait, qui dicte elle-même quelques vains
mots de liberté au moment où la chose qu'elle con-
voite et qu'elle obtient est l'esclavage de la presse,
elle est une révélation précieuse, et comme l'a-
brégé du gouvernement qu'on nous prépare.

Et qui exerçait, en effet, Monseigneur, cette
dictature suprême? Une société anonyme, sous la
présidence de M. Franchet et le contre-seing de
M. De Liège; un conciliabule d'êtres inconnus à
qui la pensée avait été livrée en proie, et qui s'y
attachaient comme des insectes malfaisans pour la
flétrir dans son développement ou la tuer dans
son germe. Tout ce que les *blancs* d'une feuille
mutilée par eux apprenaient au public, c'est qu'on
ne sait quoi avait déplu à on ne sait qui; tout ce que
les articles proscrits apprenaient aux rédacteurs,
c'est que leurs juges secrets n'étaient exempts d'au-
cunes petites vues, d'aucune passion misérable;

mais que la grande passion qui les dominait était
la haine de la philosophie et de la littérature même.
Tel était le seul indice du *moral* de cette censure.
Quant au personnel, on peut supposer, disait-on,
tout ce qu'on voudra. Ce sont des commis ou des
ministres, des valets ou de grands seigneurs, des
affiliés de la congrégation ou des agens de la diplomatie étrangère. C'est peut-être un journa-
liste, votre rival ou votre ennemi, qui tient en ce
moment les épreuves de votre journal, ou un con-
current qui efface vos titres à la célébrité, ou un
entrepreneur d'affaires véreuses qui appose son
*veto* sur l'annonce de votre honorable industrie,
ou un juge prévaricateur qui condamne une équi-
table sentence; c'est à coup sûr une espèce de
gens qui ne répugnent point à siéger dans le re-
paire des espions.

Que parlé-je du passé, direz-vous peut-être,
Monseigneur, du passé contre le retour duquel
M. de Villèle lui-même vient encore de protes-
ter? Je parle du présent, s'il vous plaît : car on ne
rapporte pas, que je sache, la loi de censure;
du présent : car le tribunal qui jugera les écrits
déposés, dans ses audiences de cinq ou de dix jours,
ou qui exercera la censure préjudicielle que préfère la commission, ce tribunal sera toujours occulte ; et eût-il M. Franchet pour président, et

M. De Liége pour secrétaire, ce sera toujours le
même labyrinthe habité par le monstre de la police dont les deux extrémités seront seules visibles.
Je parle du présent : car les protestations anciennes de M. de Villèle nous font apprécier la valeur
de ses protestations nouvelles, et il ne feint évidemment de soustraire une partie des publications à l'autorisation préalable, que pour les renvoyer en masse, par la voie du dépôt, devant le
*conseil royal de la presse*. Énumérez alors, s'il
est possible, tout ce qui rentre dans la vaste sphère
de la publicité, tout ce qui, sous une infinité de
rapports, n'a d'existence complète et assurée que
par elle : la littérature, les sciences, les arts, l'instruction, la controverse religieuse, les lois, les
ordonnances, les débats, les arrêts des tribunaux
et des cours, les nouvelles si importantes au commerce, l'éloge et le blâme, la vérité et la calomnie,
les réclamations d'ordre public et d'intérêt privé,
les garanties politiques, celles qui concernent nos
personnes, nos propriétés; rassemblez tous ces
élémens, toutes ces conditions de la vie sociale
pour les soumettre à la législation combinée de la
tendance, de la censure toujours menaçante, des
énormes cautionnemens, des amendes ruineuses,
du timbre, de la responsabilité des trois ou des
cinq propriétaires en faveur desquels les autres

doivent abdiquer, en tout ou en partie, leurs droits et leurs avantages; compliquée du double piége de la séduction et de la terreur, des mesures administratives qui tranchent le nœud préparé par une poursuite judiciaire, du dépôt enfin, et de bonne foi, dites ce qui échappera au bon plaisir des hommes qui n'exceptent que les mandemens de la proscription générale, et à la servilité qui les seconde, dans le renouvellement de *cette ruse des tyrans*, comme dit l'ami de Montaigne, *d'abestir les sujets, et de s'adviser, ains que le grand Turc, de cela que les livres et la doctrine donnent plus que toute autre chose aux hommes, le sens de se recognoistre et de hayr la tyrannie* (1).

Est-ce à M. de Corbière, la providence des frères ignorantins, que nous aurons recours contre ceux qui se sont *advisés d'abestir les sujets?* M. le comte prononcerait un ajournement indéfini, fût-il question de publier un procédé simple et rapide pour la reconstruction de la ville incendiée de Salins. Est-ce de M. de Villèle que nous solliciterons une interprétation favorable de la loi de police; lui qui prétend que la Charte

(1) *De la servitude volontaire,* par La Boëtie.

elle-même peut être interprétée en faveur du despotisme (1)?

Sera-ce Votre Grandeur qui daignera nous aider à décliner la compétence du conseil de la presse, Votre Grandeur qui, elle-même, nous donna le spectacle d'un ministre de la justice frappant la presse périodique, pour ainsi dire, dans le sanctuaire de Thémis ; du gardien des lois créant une sorte d'inquisition pour remplacer le jugement légal, réprimandant deux cours souveraines pour ne s'être pas conformées aux volontés de l'administration ; du protecteur né de la magistrature enlevant aux magistrats d'importantes attributions, les dépouillant en partie de la toge pour en travestir d'ignobles agens, et déposant la simarre aux pieds de leur chef en robe courte? Tel fut le passé, Monseigneur, tel est le présent ; c'est toujours à la conscience publique, qui parle par la conscience du magistrat, que la faction veut échapper, et c'est pour substituer cette faction à tous les pouvoirs que votre loi est faite.

J'entends Votre Grandeur dire avec sa bonté ordinaire : « sommes-nous donc intraitables ?

_____

(1) *Conservateur*, 1er vol. p. 304 et suiv. ; solution d'un problème politique.

Notre projet n'est-il pas amendé par la commission, et nous refusons-nous , dans tout ce qui est raisonnable, à nous rapprocher de ces amendemens qui ont valu, de la part de nos adversaires même, plus d'un éloge à notre honorable collègue M. Bonnet? » *Mon compère*, dirait à celui-ci le prince revenu plus rusé de Péronne, s'il était à la place de Votre Grandeur, *mon compère, par Notre-Dame d'Embrun ! il ne faut pas se rendre importun en demandant trop de choses à la fois ; la France est un bon pré qu'on peut faucher de près, mais une fois tous les ans;* nous avons fauché, à chaque session, une liberté et puis une autre, un impôt et puis un autre. Vous connaissez cette dernière affaire, vous qui venez de léguer à votre fils la clientelle du trésor; cette année nous fauchons l'imprimerie ; mais vous avez raison, mettons-y de la mesure ; point d'importunités dans nos demandes; les journaux timbrés par la poste, bien et dûment surveillés par la peur des amendes et de la prison, déchus de leur règne par la division intestine qu'on saura fomenter ; voilà qui va bien : ajoutons une responsabilité indéfinie pour les imprimeurs, et tous les livres qui se lisent le plus pris d'un seul coup de filet; voilà qui va au mieux; et avec le reste et une *tête qui porte tout un conseil*, nous arrangerons

cela l'an prochain de manière *à trouver tout dans*
*notre royaume, hormis une seule chose, la vérité*.
Votre Grandeur daigne me dire encore : puisque
vous faites parler Louis XI à ma place, je répon-
drai comme lui à mon tour aux pétitionnaires im-
portuns : « *je n'ai pas fait la loi ;* je ne suis auteur
» que du projet amélioré, si l'on veut, par la com-
» mission , ou réalisé par les Chambres. Et toutes
» vos récriminations violentes tombent à terre ou
» rejailliront sur d'honorables députés et d'illus-
» tres seigneuries. Vous voyez, quoiqu'on en
» glose, que je me trouve en assez bonne compa-
» gnie. Je ne parle pas de M. de Corbière, qui ,
» après avoir fait main basse sur l'enseignement
» mutuel élémentaire, n'a garde d'épargner l'en-
» seignement mutuel philosophique ; non plus que
» de M. de Villèle, dont la politique dilatoire et
» l'éloquence évasive m'offrent une retraite assu-
» rée lorsque j'ai fait une pointe un peu audacieuse ;
» ce sont mes collègues , il est tout simple qu'il
» y ait échange de services entre ceux qui ont
» fait plus d'une fois échange de portefeuilles. Mais
» les deux Chambres, que puis-je sans leur secours ?
» Et si elles ne le refusent pas, que deviennent vos
» raisons ? Des injures que la loi venge. L'assis-
» tance de la majorité m'enorgueillit sans me sur-
» prendre ; mais cette excellente commission qui

» me combat en m'offrant la censure, en rédui-
» sant à trois la responsabilité de cinq, la vente
» forcée de toutes les actions à celle du tiers, en
» introduisant ainsi dans la propriété périodique
» un germe de procès que je saurai cultiver, la
» commission qui dit aux imprimeurs : *vous serez*
» *complices, peut-être*, incertitude trop cruelle
» pour que je ne la fixe pas; que vous en semble?
» Cette affaire a beaucoup de rapport avec celle de
» la loi des élections. Des rassemblemens populaires
» avaient effrayé, je ne sais pourquoi; le projet
» allait être rejeté ; M. Boin arrive avec le double
» vote, tout est sauvé; c'est la planche sur la-
» quelle, au milieu de l'orage, notre admirable
» majorité parvient au port septennal. La presse
» à son tour nous envoie un rassemblement de
» pétitions criardes ; mon projet ne trouve plus
» de défenseurs, tout est perdu; M. Bonnet se
» présente comme une providence; ses amende-
» mens réhabilitent ma loi, et dût-elle passer telle
» qu'il l'a retouchée, mes collègues et moi nous
» saurions bien l'amender dans l'exécution de telle
» sorte que la première édition serait peu défigurée.
» Encore une fois que vous en semble, et que si-
» gnifient vos attaques contre moi ? »

Il est vrai, Monseigneur, et je vous promets
bien de me taire aussitôt que les Chambres auront

parlé comme vous, ou seulement comme la commission ; mais jusque là qu'il me soit permis de demander à leur probité comment il est plus juste de forcer les gens à vendre une partie de leur bien que le tout, et pourquoi, si l'on ne veut réellement qu'une responsabilité efficace, on ne se borne pas à exiger des actionnaires d'un journal qu'ils se fassent représenter par une commission de trois ou de cinq d'entre eux, en consignant pour garantie des amendes un cautionnement considérable? Qu'il me soit permis de faire un appel à leur raison contre cette politique qui *a quelque chose à la fois de puéril et de sauvage* (1) ; d'invoquer leur justice contre *la violence* qui, *sous le simulacre de loi* (2), *éclate odieusement dans le projet* (3) soumis à leur délibération ; d'adjurer leur conscience de repousser cette *exécrable loi* (4) qui a fait dire à un orateur : « nous soutenons » avec les moralistes de tous les âges, avec les » saints docteurs dont nous ne faisons que répéter » le plus pur langage, nous soutenons sur le

(1) Châteaubriand, Ch. des pairs, séance du 10 mars.

(2) M. Devaux, Ch. des députés, séance du 9 mars.

(3) M. Royer-Collard, Ch. des députés, séance du 28 février.

(4) Benjamin-Constant, Ch. des députés, séance du 10 mars.

» tombeau des martyrs, que si la loi vient
» trouver un particulier pour l'interpeller par
» un commandement injuste, ce particulier doit
» à tout risque refuser son obéissance (1) ; »
cette exécrable loi qui a inspiré ces paroles à un
homme religieux : « Je le déclare à la face du
» ciel, depuis que je suis sur la terre, je n'ai
» rien vu de si bas, de si vil, de si hypocrite que
» ce qui se passe à présent sous mes yeux (2) ».

Que si le caractère de notre nation est assez
bien représenté du moins dans l'une et l'autre
Chambre pour qu'une teinte de badinage assaisonne
utilement les motifs dont l'importance a touché
peu d'esprits ; si le ridicule a aujourd'hui, comme
au temps de Descartes, une puissance que n'ont
pas toujours les plus hautes considérations de la
morale et de l'équité, qu'il me soit permis enfin de
déposer sur le bureau l'humble requête des idées
que, malgré les sarcasmes de Voltaire, on livre
pieds et poings liés à la police, dès qu'elles se
montrent habillées in-32, ou chargées de trop
peu d'embonpoint, extérieur qui vous déplaît et
qui aurait tant plu à ce pauvre M. Bellart.

-, (1) Royer-Collard, Ch. des députés, séance du 28
février.

(2) M. Kératry, ancien député. *Courrier français* du 9
mars.

« Les susdites idées, comme autrefois la raison pour laquelle plaida Boileau dans la cause, des *médisans* à qui défense était faite, sous peine de la vie, *d'invectiver* Aristote, les susdites idées supplient les honorables membres des majorités électives et héréditaires de considérer que la grandeur et l'ampleur des formes ne doivent l'emporter sur le fonds ; que c'est au contenu et non au contenant qu'il faut prendre garde ; qu'une brochure très-exiguë peut être très-substantielle ; que les satires de Juvénal, de Perse, de Boileau même, et de Gilbert, sont chacune très-peu feuillues ; que l'histoire romaine de Florus et l'histoire universelle de Bossuet sont de vrais résumés où les auteurs embrassent le monde, et que le lecteur tiendrait entre le pouce et l'index à peine entr'ouverts ; que les Lettres provinciales, les Lettres persanes, les pamphlets du docte Paul-Louis Courier pressent, sous une mince enveloppe, plus d'esprit qu'il ne s'en dilate en vingt rayons de la bibliothèque royale, faciles à indiquer ; qu'un livre aussi bouffi que *l'infortiat* peut être maigre de nourriture intellectuelle ; telles seraient, par exemple, si on leur donnait les dimensions du Digeste, le recueil de maintes homélies récentes, et celui de la plupart des harangues ministérielles.

» Lesdites idées faussement et calomnieusement

prévennes à cause de leurs apparences petites, menues et alertes, supplient en outre leurs hauts, grands et puissans seigneurs de descendre jusqu'à convenir que la gentillesse de la taille n'est point en elle-même un crime; que la feuille tolérée in-8, ne doit point être proscrite *ipso facto* dès qu'elle se rapetisse de quatre plis, usage qui valait jadis à une édition l'épithète de mignonne; conjurent leurs juges irrités d'observer que la morale jésuitique et l'éloge de la Saint-Barthélemi ont été publiés *in-folio;* que les bulletins de l'armée et les proclamations ne s'affichent ni *in-24*, ni *in-18*; que l'*in-32* est le modèle choisi pour l'*amour des sacrés cœurs* aussi bien que pour les almanachs de cour; elles osent faire remarquer à ceux qui récrimineraient contre elles, disant que le pape Jules III qui avait dénoncé la guerre au roi Henri II , et s'y portait avec tant d'animosité et de fureur qu'il ne pouvait être surmonté ni par prières, ni par argent, ni par la force des armes, que le susdit Pontife , de sainte et glorieuse mémoire , fut tellement troublé et effrayé par un *petit livret* (1), qu'il fut obligé de demander la paix et d'en accepter les conditions; elles osent

(1) Le comment. sur l'édit des petites dates. *Libertés de l'Eglise gallicane,* par M. Dupin, 2° édit., p. 105.

faire remarquer et demander acte de la déclaration que le soi-disant *petit livret* était un volume in-4°, et qu'en conséquence il n'en résulte pour l'*in-32*, l'*in-24* et l'*in-18* aucun fâcheux préjugé.

« Et les idées en volume svelte, et les idées en volume nain protestent contre la prime d'encouragement octroyée aux annotateurs, commentateurs, glossateurs, compilateurs, amplificateurs, à tous les auteurs pleins de mots, et vides de choses; dénoncent les obscénités en cinq cents pages et plus, répandues avec prodigalité sous l'ancienne monarchie, et les cinq cent mille billots de rapsodies et fadaises prétendues théologiques, ascétiques, cabalistiques, qui pourront reparaître tête levée, tandis que le bonhomme Richard et son bon sens, Descartes et sa méthode, Pascal et ses pensées, et tous ceux qui, provoqués et séduits par leur exemple voudront ou pourront dire beaucoup en peu de paroles, seront tenus de passer sous le guichet de la conciergerie littéraire, et d'y subir une quarantaine avec l'Evangile et l'Imitation, en faveur desquels la caste *paria* des idées sans verbiage implore la religion et l'esprit de quiconque en a dans les deux Chambres; et de plus porte plainte d'avance, à la charge de qui il appartiendra, contre toute contrebande extérieure et intérieure, d'idées licencieuses, irréligieuses, séditieu-

ses, qui se glisseront sous le manteau, et seront
accueillies en cachette autant qu'elles auraient été
dédaignées sans l'édit de proscription ; porte
plainte également contre toute publication faite à
découvert, qui sous le nom de mandemens, prô-
nes, sermons, lettres pastorales, oraisons dévotes
et autres litanies, useront ou abuseront de la presse,
sous toutes les formes légères ou épaisses, lilliputu-
tiennes ou gargantuanes, en nompareille ou en
gros canon, pour prêcher des doctrines anti-galli-
canes, anti-françaises ou anti-constitutionnelles,
prédications très-permises quand la réplique n'est
pas défendue ; pour mettre en pratique la morale
de Basile ou celle de la compagnie de Jésus, soit au
détriment de la nation, soit au préjudice d'une
classe de citoyens, soit au dam de quelques individus nominativement, ainsi que la chose s'est vue.

» Et néanmoins, à ces causes, les idées contre lesquelles un mandat d'amener général est lancé sans
désignation de délit, noms, prénoms, ni qualités,
sollicitent les hommes raisonnables et véridiques
des deux Chambres de laisser à la raison et à la vérité la libre option de la taille, stature et dimension
corporelle sous laquelle il leur convient de se ré-
véler, aussi-bien que le choix du vêtement littéraire, sauf à elles à répondre par-devant le juge
si le corps qu'elles prétendent animer n'a pas les

proportions légales , ou si le vêtement manque de
décence, ou si d'autres qu'elles se présentaient
sous leur nom avec un faux passeport et une physionomie contrefaite, et sauf alors à subir, après
enquête, la peine encourue , quelles que soient la
taille des délinquantes et l'étoffe dont elles seront
habillées. Et les idées susnommées font élection
de M<sup>e</sup> Bonnet pour leur avocat.

» Déclarant que si nonobstant leurs suppliques ,
représentations, protestations à ce contraire, on
les condamne au préalable et en masse, on les livre, vierges encore, pieds et poings liés , au mino-
taure , elles , idées utiles , vraies, généreuses, etc.,
protestent de nouveau à la face du monde et de
la postérité contre les tyrans, qui comme ceux des
forêts, appellent cornes des oreilles, afin de courre
sus à leurs victimes et de les dévorer. »

Veuillez, Monseigneur, transmettre cette requête à qui de droit, afin qu'étant prise en considération, elle soit, comme de coutume, renvoyée
à Votre Grandeur, ce dont il advient grand profit
au requérant. Et puisque cette imitation de la burlesque requête qui sauva d'une proscription très-
réelle *certains esprits factieux qui , sous les
noms de Cartistes et de Gassendistes, commen-
çaient à secouer le joug de seigneur Aristote, et
faisaient courir plusieurs libelles diffamatoires,*

*entre autres un manifeste sous le titre specieu...*
*de Journal des Savans* (1); puisque cette burlesque requête nous a reportés à une époque où un roi contemporain faisait des folies très-sérieuses, permettez-moi de rétrograder jusque-là dans la compagnie de Votre Grandeur et de ses collègues. Vous appartenez en effet au temps passé beaucoup plus qu'au nôtre; tous trois vous étiez nés pour faire des lois en faveur d'Aristote, contre les factieux qui lisaient Descartes; tous trois, à l'époque des satires de Boileau, des grammaires de Port-Royal et des comédies de Molière, vous auriez quitté le royaume d'un prince encore loyal, éclairé, ami des lettres, comme l'est aujourd'hui Charles X, pour émigrer vers une cour voisine où *la raison et l'expérience* ne s'étaient pas encore *liguées ensemble;* où l'on avait pris au contraire *le meilleur moyen pour les combattre et les renverser l'une et l'autre,* celui *de ne les point entendre et de les renvoyer aux fins de non-recevoir* (2).

C'est dans cette cour d'outre-mer, près de Jacques II, que vous auriez trouvé un poste digne de vous. Jacques, entre Peters et Jeffreys, vous aurait compté d'abord au nombre de ses plus dé-

(1) OEuvres de Boileau. *Mélanges de prose.*
(2) Termes de la *Requeste* de Boileau *à nos seigneur de la cour souveraine du Parnasse.*

voués serviteurs ; et Dieu sait tout ce qu'il aurait'
dû bientôt à ce dévouement ! Quels admirables
instrumens pour le conseil secret, pour le conseil
de conscience ! Quelles bonnes élections, quelles
bonnes lois vous auriez faites ! Comme vous auriez
eu à la bouche les mots de monarchie et de religion !
Comme vous auriez habilement écarté du prince
tous les écrits qui lui auraient ouvert les yeux ,
tous les hommes qui, après avoir puissamment
contribué à son retour de l'exil, auraient contribué à le maintenir sur le trône par leurs sages avis !
Comme vous l'auriez entouré de jésuites, qui auraient échangé son royal manteau pour une robe
courte, et l'auraient laissé dans le péril sans défenseurs et sans amis ! Avec quelle rapidité, enfin,
vous l'auriez conduit dans cette retraite où il ne
lui échappait pas un regret sur les citoyens qu'il
avait sacrifiés, sur le mal qu'il avait fait à son
pays ; où, en distribuant ses journées, d'après
l'avis de son confesseur, en minces pratiques de
dévotion, en déclarant qu'il méprise autant l'estime du monde que son mépris (1), il explique et
justifie tout à la fois et sa chute et les mépris de ses
contemporains et ceux de la postérité, mépris qui

_____

(1) Hist. de Jacques II, vol. in-12 , édit. de 1740. Voir
à la fin le chap. des *Sentimens* et *Pensées*.

furent partagés par cette Rome elle-même, pour laquelle il avait joué et perdu un diadème.

Reculant avec vous, Monseigneur, et comme entraîné par vos doctrines, vers ce temps si éloigné du nôtre, puisque nous avons une Charte et que les Anglais n'en avaient pas, vers un monarque si différent du nôtre, puisqu'il était parjure à ses sermens autant que le nôtre est fidèle aux siens; reculant vers ce Stuart, si merveilleusement né pour finir une dynastie, je m'identifie aux honnêtes royalistes de l'époque, et je ne puis m'empêcher de plaindre tout à la fois et d'accuser un homme qui, après avoir connu le malheur et même l'indigence, recouvre inopinément le sceptre d'une nation industrieuse, florissante, qui, après s'être vu, comme par miracle, le maître bien affermi d'une cour brillante, l'égal des plus grands souverains, au lieu de tenir à deux mains son bonheur et sa gloire, les jette cruellement et sottement à la tête de quelques moines, avec lesquels il va s'ensevelir dans un cloître, martyr tranquille et spalmodiant d'une cause qui a fait tant de victimes!

Mais, Monseigneur, je ne le saurais trop répéter, ni les temps, ni les hommes, sauf les jésuites et les ministres, ne sont en France ce qu'ils étaient en Angleterre; les deux princes surtout forment un con-

traste tout à l'avantage du nôtre ; celui-ci est renom-
mé pour ses vertus chevaleresques, pour son esprit
accessible aux conseils de la prudence, autant que
le dernier des Stuarts couronnés est célèbre par sa
duplicité et par la témérité de son entêtement. Le
descendant de Henri IV, le fils de Louis XV, ne
saurait se confier aux jésuites ; je n'en voudrais
pour preuve que le nom royal dont il a fait choix,
comme pour déclarer usurpé, non avenu, le titre
de Charles X donné par la Ligue au cardinal
de Bourbon, fantôme de roi, ainsi que l'appelle
l'auteur de la Henriade, fantôme de roi sous la
risible autorité duquel gouvernaient réellement le
fanatisme et l'étranger. Quand le premier acte de
la volonté d'un monarque est un manifeste aussi
énergique contre les ligueurs, on peut, on doit
sans doute attaquer ces derniers ; mais il faut tout
espérer de l'auguste et souveraine majesté qui ne
demande qu'à savoir pour agir. Qu'elle sache donc,
Monseigneur, par cette presse amie dont vous
voulez étouffer la voix, qu'elle sache qu'une armée tout entière réunie sous le plus fidèle dra-
peau de la restauration, a répudié depuis long-
temps, avec le *Journal des Débats*, l'alliance du
ministère, et apporté à l'opposition le secours de
ses talens et d'une franchise bien pourvue de souvenirs ! Qu'elle sache qu'un ministre de l'exil, un

puissant écrivain, expie éloquemment sa solidarité administrative, et va disant, non point dans le désert, mais aux millions d'échos vivans qui l'ont répété, que *les insensés qui prétendent mener le passé au combat contre l'avenir seront les victimes de leur témérité* (1)! Qu'elle daigne écouter ces paroles sorties de la bouche d'un honorable député de la Gironde, votre ancien ami, Monseigneur : *Des hommes dont la vie entière témoigne de leur dévouement à la légitimité se détachent successivement des ministres*, par lesquels *la royauté elle-même est compromise* (2); et ces paroles encore d'un serviteur discret et constant durant les longues années du malheur : « je dé-
» plorerai cette inexplicable fatalité qui repousse
» la confiance par la menace, l'affection par l'in-
» sulte.... Je rejette la loi par fidélité à la monar-
» chie légitime, qu'elle ébranle peut-être, qu'elle
» compromet au moins, et qu'elle ternit dans
» l'opinion des peuples, comme infidèle à sa
» promesse (3). » Que cette presse, à laquelle on

(1) Lettre adressée au *Journal des Débats* par M. le vicomte de Châteaubriand, lettre imprimée à un million d'exemplaires.

(2) Chambre des députés, séance du 15 février 1827.

(3) Discours de M. Royer-Collard à la Chambre des députés, séance du 14 février 1817.

remet ses entraves, se hâte d'acquitter la dette de la
reconnaissance envers le prince qui l'avait affranchie, et lui rende un dernier service en portant jusqu'à son oreille et le réquisitoire d'un
ancien procureur-général contre *la domination
intolérable, que la France déteste et qui lui
fait horreur* (1), et cet avertissement de M. La-
bourdonnaie, effrayé de ce qu'on entend chaque
jour dans les lieux publics les plus fréquentés : *jamais l'indignation publique n'a été si loin* (2),
et ce cri d'une conscience non-suspecte : *la loi
fait courir à la monarchie de véritables dangers
pour des dangers imaginaires* (3), et cette question : *la perte de nos libertés n'entraînerait-elle
pas celle de l'Etat?* question à laquelle l'orateur
a répondu lui-même par ce mot d'un grand publi-
ciste : *l'Etat périra quand la puissance législative
sera plus corrompue que l'exécutive* (4); et ce
jugement prononcé par un magistrat : *le ministère nous a fait rétrograder au temps de Charles VI; la démence de ce malheureux prince*

(1) Discours de M. Bourdeau, séance du 15 février.
(2) Séance du 14.
(3) Discours de M. de Preissac, séance du 22 février.
(4) Montesquieu, cité par M. de Beaumont à la Chambre des députés, séance du 1er mars.

*semble être passée dans les conseils de son suc-
cesseur* (1).

Pour moi, Monseigneur, fatigué d'opposer des
faits et des raisons à la démence ministérielle, je
m'en remets à la sagesse royale du soin de calmer
les alarmes de ses fidèles serviteurs, et de préve-
nir les maux que nous apprêtent d'infidèles conseillers; et laissant là enfin et Votre Grandeur et son
projet de loi, et nos petits Bonapartes, je retourne
à mon *Histoire de la Restauration*, dont le premier chapitre s'ouvre par ces considérans mémorables de l'acte du Sénat conservateur :

« Napoléon a violé les lois constitutionnelles,...
» anéanti la responsabilité des ministres, confondu
» tous les pouvoirs, abusé de tous les moyens
» qu'on lui a confiés en hommes et en argent....
» soumis à la censure arbitraire de sa police la
» liberté de la presse, établie et consacrée comme
» l'un des droits de la nation (2) ».

---

(1) *Observations sur le nouveau projet de loi relatif à la
police de la presse*, par M. Cottu, conseiller à la cour
royale de Paris, p. 68.

(2) Pièce officielle. Sénat conservateur, séance du di-
manche 3 avril 1814, présidée par M. le sénateur Barthélemy.

www.ingramcontent.com/pod-product-compliance
Lightning Source LLC
Chambersburg PA
CBHW072248270326
41930CB00010B/2305